Elisabeth Döpp, Christian Willrich und Jörn Rebbe

DIE SCHNELLE FLEISCHLOSE KÜCHE

EINFACH VEGETARISCH

FOTOGRAFIE
Heinz-Josef Beckers und Franz Schotten jun.

GU GRÄFE UND UNZER

INHALTSVERZEICHNIS

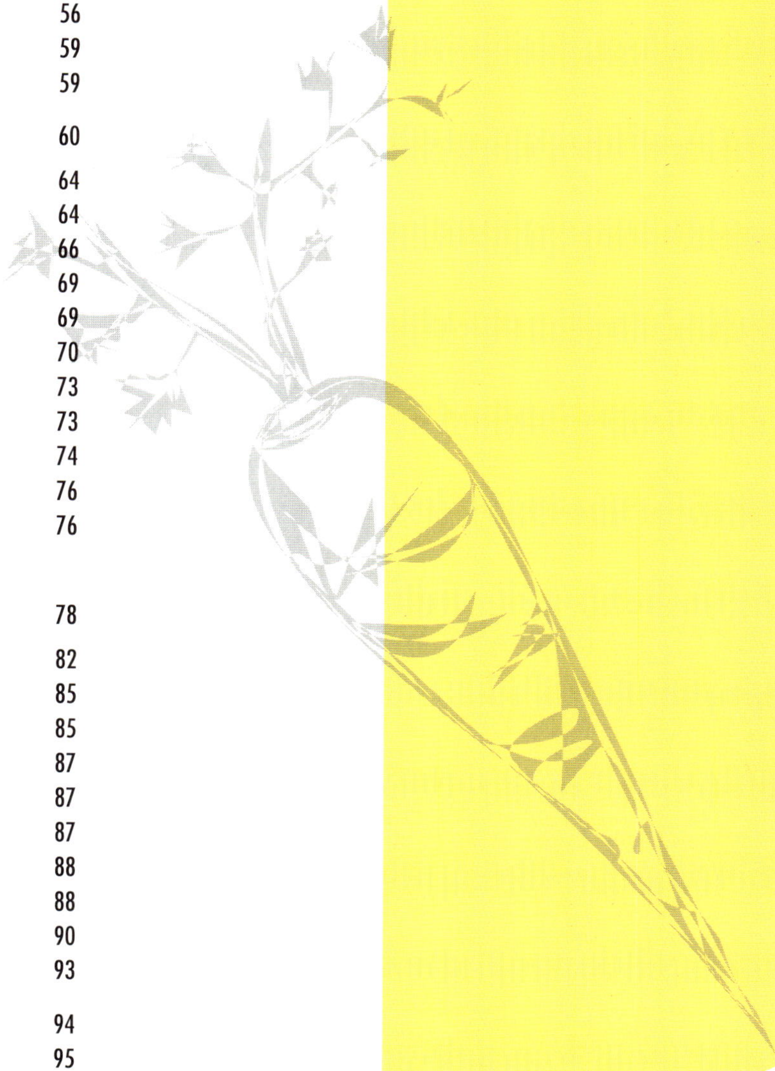

Rapunzel, Rapunzel …

Weg mit den alten Zöpfen: schnell, einfach und gut – das ist die neue vegetarische Küche! Märchenhaft. Denn schon nach 20 Minuten können Köstlichkeiten wie Feldsalat mit warmem Schafkäse oder eine verführerische Ratatouille auf Ihrem Tisch stehen. Da werden auch ausgesprochene Fleischliebhaber garantiert nichts vermissen …

Gemüse aus aller Welt

Genießen Sie ein schönes Essen – mit Ihren Freunden oder der Familie –, ohne vorher Stunden in der Küche zu verbringen, und widmen Sie Ihre Zeit lieber Ihren Tischgenossen. Viele Rezepte dieses Buches sind in etwa 30 Minuten zubereitet, und die, die längere Garzeiten haben, sind wenig arbeitsintensiv. Viele lassen sich gut vorbereiten. So kann die köstliche Kartoffeltarte mit Tomaten und Basilikum bereits nach 15 Minuten in den Ofen wandern.

Sie finden in diesem Buch viele mediterrane Gerichte mit rasch »al dente« gegartem Gemüse, schnelle Pfannengerichte aus der asiatischen Küche und Grillgemüse, wie sie in der kalifornischen Küche beliebt sind. Übrigens können Sie alle herzhaften Gerichte dieses Buches, wenn Ihnen der Sinn danach steht, mit gegrilltem oder im Backofen gegartem Fisch servieren. Die Desserts im vorletzten Kapitel des Buches runden diese »kulinarische Weltreise« ab.

Extras aus dem Vorrat

Chronisch »zeitarm« oder Überraschungsbesuch vor der Tür? Kein Problem mit den superschnellen Rezepten aus dem Vorrat, die Sie hauptsächlich im letzten Kapitel finden! Wir zeigen Ihnen, wie Sie Ihren Kühlschrank oder Ihre Kühltruhe mit würzigen Köstlichkeiten wie Pesto, Caponata, Olivenmus oder Tomaten-Confit füllen können, um sie dann im entscheidenden Augenblick mühelos hervorzuholen und mit ihnen einem schnell gegarten Gemüse, sei es blanchiert oder gegrillt, Glanz zu verleihen.

Erntefrisch einkaufen
Wählen Sie für Ihre vegetarische Küche voll ausgereifte Früchte und Gemüse, dann gelingen Ihnen Ihre Gerichte mit Leichtigkeit.

Geschmack und Zartheit der Gemüse ändern sich je nach Alter, Frische und Größe. Die Rezepte geben allgemeine Hinweise dazu, doch machen Sie selbst die Probe, und testen Sie die Konsistenz, das Aussehen und den Geschmack der Früchte. Sie werden Ihre Sinne bald diesbezüglich geeicht haben.

Hochwertige Ware erhalten Sie, wenn Sie sich nach dem Angebot der Saison richten. Der Saisonkalender für Obst und Gemüse in der vorderen Umschlagklappe erleichtert Ihnen hierbei die Auswahl.

Die größte Chance, wirklich Erntefrisches einzukaufen, haben Sie, wenn Sie nach Produkten Ihrer Region greifen, die auf kurzen Anfahrtswegen geliefert werden. Bevorzugen Sie außerdem Früchte und Gemüse aus kontrolliert ökologischem Anbau, wann immer Sie sie bekommen können. Sie sind häufig aromatischer als ihre »gespritzten Kollegen« und bieten für die schnelle Küche den Vorteil, daß man sie meist nicht zu schälen braucht.

Schonende Zubereitung für vollen Genuß
Bei der Wahl der Zubereitungsarten haben wir Wert auf zeitsparende und gesunde, nährstoffschonende Methoden gelegt, die den vollen Geschmack der Gemüse- und Obstzutaten unterstreichen, zum Beispiel Blanchieren, Dämpfen oder Garen in wenig Wasser. Generell kann man sagen: Garen Sie eher »al dente«, als daß Sie die Gemüse übergaren und sie dann lasch werden. Hilfreich ist dabei die Tabelle auf den Seiten 26 und 27.

Timing und Routine als Garanten für Erfolg
Bei den Zubereitungszeiten sind wir uns bewußt, daß jeder seinen eigenen Rhythmus hat. Wir haben Zeiten angegeben, die ein/e durchschnittlich versierte/r Koch/Köchin benötigt. Stellen Sie Ihre Zutaten und Ihre Küchenhelfer vom scharfen Messer bis zum Pürierstab vor dem Kochen bereit. Um so schneller, erfolgreicher, vergnüglicher und kreativer wird für Sie das Kochen. Wir wünschen Ihnen dabei viel Spaß!

Vegetarisch feiern und genießen
Mit den Gerichten dieses Buches lassen sich leichte, vollwertige Mahlzeiten zusammenstellen. Bei vielen Rezepten haben wir Ihnen Menüvorschläge zusammengestellt. In kleinerem Kreis läßt sich damit ein genußvoller Abend gestalten. Möchten Sie mehr als zwei bis vier Menschen einladen, bieten sich ein Brunch oder Buffet an. Hierfür finden Sie am Ende des Buchs Hinweise und Tips, wie Sie ein Buffet planen und organisieren, und in der Klappe Vorschläge für Brunches und Buffets für jede Saison.

Die Temperaturstufen bei Gasherden
variieren von Hersteller zu Hersteller. Welche Stufe Ihres Herdes der jeweils angegebenen Temperatur entspricht, entnehmen Sie bitte der Gebrauchsanweisung.

Am Anfang gibt´s...

Vorspeisen und Salate

Wer zum Kochen eigentlich keine Zeit hat, neigt dazu, eine Vorspeise erst gar nicht einzuplanen. Dabei verzichtet man aber ohne Not auf ein angenehmes Stück Tafelkultur; denn die Vorspeisen tragen viel zu einer stimmungsvollen Atmosphäre bei, sie öffnen die Sinne für das nachfolgende Essen, regen den Appetit an und helfen gerade an einem arbeitsreichen Tag, den Alltagsstreß hinter sich zu lassen. Lassen Sie allerdings die Portionen nicht zu groß ausfallen, denn Vorspeisen sollen neugierig, aber nicht satt machen.

Vorspeisen als Auftakt

Wenn Sie gut vorplanen, helfen Ihnen kleine Vorspeisen auch, wenn die Zeit knapp ist. Sie können mit einem kleinen Gericht, das Sie zum Aperitif reichen, und einer Vorspeise ein Gästeessen bereits starten, lange bevor der Hauptgang auf dem Herd fertig gegart ist. Allerdings verfärben sich rohe Zutaten und Blattsalate werden welk, wenn sie zu lange herumstehen.
Das sollten Sie bei der Zu- und Vorbereitung mit einplanen. Vollreife Früchte wie Feigen sind dann besser geeignet.

Wenn Sie als Willkommensgruß einen Aperitif servieren möchten, eignen sich die ersten fünf Rezepte dieses Kapitels als begleitende Gerichte.
Als Getränk bieten Sie am besten Prosecco, trockenen Sherry, Portwein oder Weißwein an. Als nicht-alkoholisches Aperitif-Getränk passen leichte Säfte, Saftschorlen oder gekühltes Mineralwasser.

Rohkost: anregend und vitalisierend

Für die schnelle Vorspeisenküche besonders interessant ist die Entdeckung der Wissenschaftler, daß Früchte und Gemüse, wenn sie ungekocht zu Beginn der Mahlzeit gegessen werden, stimulierend und stärkend auf das Immunsystem wirken. Hier können Sie also etwas Gutes für sich tun und dabei auch noch Zeit gewinnen.
Unter den kleinen Gerichten dieses Kapitels finden Sie daher allerlei raffinierte Rezepte mit frischen ungegarten Zutaten. Wählen Sie besonders für diese Gerichte aromatische, erntefrische Früchte und Gemüse.

Pinzimonio – ein Rohkostteller aus Italien
Eine besonders schnell zubereitete Vorspeise ist der italienische Rohkostteller:

Jeder Gast erhält ein Schälchen Salatsauce aus Olivenöl, Aceto Balsamico (Balsam-Essig), Salz und Pfeffer. Dazu gibt es eine Schüssel mit handlich zurechtgeschnittenen Salatzutaten zur Selbstbedienung: Staudensellerie, Lauchzwiebeln oder Frühlingszwiebeln, Paprikaschoten, Fenchel, Möhren, Salatgurke, Radieschen und Blattsalate, die man eingerollt in die Sauce tauchen kann. Dafür eignen sich Radicchio, Römischer Salat, Trotzkopf oder Chicorée.

Salate – auch eine Hauptmahlzeit
Die Salate dieses Kapitels können Sie auch in doppelter Menge zubereiten und, zusammen mit Brot, als Salatmahlzeit servieren. Bereiten Sie sie so kurz vor dem Essen wie möglich zu, damit Blattsalate nicht schlapp machen. Frische ist wichtig, im Aussehen wie im Geschmack.

Gemischte Vorspeisenteller
Aus den Gerichten dieses Buches lassen sich auch raffinierte gemischte Vorspeisenteller zusammenstellen:

Mediterraner Vorspeisenteller:
Zucchini mit Olivenmus (Seite 18), Warmer Artischockensalat (Seite 18) und Caponata (Seite 50).

Winterlicher Vorspeisenteller:
Feldsalat mit Schafkäse (Seite 17), Linsensalat (Seite 21) und Gewürzte Cashewnüsse (Seite 87).

Euro-asiatischer Vorspeisenteller:
Rhabarbersalat mit Minze (Seite 14), Mango-Chutney (Seite 13) und Tomaten-Confit (Seite 87).

Sommerlicher Vorspeisenteller:
Kürbis-Brombeer-Salat (Seite 14), Sauerampfer-Spinat-Salat (Seite 21) und Eingelegter Mozzarella (Seite 85, Variante).

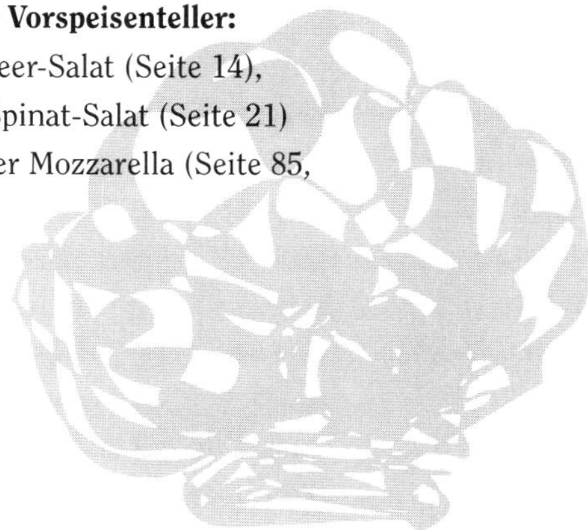

Süßkartoffel-Chips – tolle Beilage zu Vorspeisen und Salaten

Chips aus Süßkartoffeln sind schnell zubereitet und doch raffiniert. Sie passen als Snacks zu Aperitifgetränken und sind eine attraktive Beilage, auch zu Hauptgerichten. Süßkartoffel-Chips können Sie leicht zubereiten. Für 4 Personen 1 Süßkartoffel waschen, dünn hobeln, mit 2 Teelöffeln Currypulver bestäuben und bei 180° im Backofen etwa 15 Minuten backen. Dann salzen und pfeffern.

Zutaten für je 4 Personen

Gefüllte Datteln
6 frische Datteln
1 Teel. Mandeln, grob gehackt
1 Schalotte
50 g Ziegenfrischkäse
1 Teel. Minze, frisch kleingeschnitten
1 Teel. Limonensaft
1 Prise bunter Pfeffer, grob gestoßen
Meersalz
200 g Gemüsestreifen (Staudensellerie, Möhren oder Pastinaken)

Zubereitungszeit: etwa 15 Minuten

Früchte mit Roquefort-Dip
100 g Sahnequark (40%)
1 Eßl. Joghurt
100 g Roquefort
1 Eßl. glatte Petersilie, frisch geschnitten
1 Eßl. Kerbelblättchen
Meersalz
Pfeffer, grob gestoßen
1 reife Birne
1 Apfel
Saft von 1/2 Zitrone
etwa 500 g Weintrauben
4 Walnußkerne
einige Kerbelzweiglein

Zubereitungszeit: etwa 15 Minuten

Gefüllte Datteln

Gelingt leicht • Im Bild

• Nur Datteln mit harten Schalen schälen. Die Früchte halbieren und entkernen.

• Eine Pfanne ohne Fett erhitzen und die Mandeln darin rösten, bis sie zu duften beginnen; dann abkühlen lassen. Die Schalotte schälen, grob hacken und mit den Mandeln, dem Käse, der Minze und dem Limonensaft vermischen. Pfeffern und salzen.

• Die Käsecreme hoch in die Datteln füllen. Mit den Gemüsestreifen servieren.

Pro Portion etwa: 610 kJ/150 kcal

Variante: Datteln mit Walnüssen
Die Datteln statt mit Käsecreme mit Walnußhälften füllen.

Tip
Sie können mit der Käsecreme auch Tomaten, Staudensellerie oder Chicorée füllen.

Menü
Mit Orangen-Cocktail (Seite 93) als Aperitif, dann Selleriesalat (Seite 17) und Kartoffeltarte (Seite 56) reichen.

Früchte mit Roquefort-Dip

Gelingt leicht • Für Gäste

• Den Quark, Joghurt, Roquefort, Petersilie, Kerbel, Salz und Pfeffer mit dem Pürierstab cremig rühren.

• Die Birne und den Apfel waschen, eventuell schälen, entkernen, in Spalten schneiden und mit dem Zitronensaft beträufeln. Die Weintrauben gut abbrausen.

• Die Früchte und die Walnüsse auf die Teller verteilen und die Kerbelzweige dazulegen. Die Roquefortcreme dazu reichen.

Pro Portion etwa: 1500 kJ/360 kcal

Tip
Die Roquefortcreme können Sie auf Crostini streichen, sie mit frischen Feigen oder Gemüse kombinieren.

Menü
Reichen Sie dieses Aperitif-Gericht zu Apfelsaft-Schorle oder Portwein. Danach passen Würzige Melonen (Seite 13), Auberginenauflauf (Seite 52) und als Dessert Fruchtsalat (Seite 73).

Mango-Chutney

Raffiniert • Läßt sich gut vorbereiten

• Die Peperone waschen, entkernen und kleinschneiden. 1 Teelöffel Essig mit Salz, dem Pfeffer, dem Öl, der Peperone und der Petersilie verrühren. Die Mango waschen, schälen, vom Kern befreien und in kleine Würfel schneiden. Diese in der Marinade kalt stellen.

• Den Orangensaft mit dem Ingwer vermischen. Den Kürbis waschen, schälen und mit einem Gemüsehobel in dünne Streifen (Julienne) schneiden. Mit dem Saft vermischen und 15–30 Minuten zugedeckt stehenlassen.

• Den Kürbis abtropfen lassen; den Saft auffangen und mit 3 Teelöffeln Essig verrühren. Die Salatblätter darin wenden und auf die Teller verteilen. Den Kürbis und die Mango vermischen und auf den Salat geben.

Pro Portion etwa: 490 kJ/120 kcal

Menü

Für einen festlichen Anlaß mit Granatapfelkernen garnieren und mit einem Granatapfel-Drink (Seite 93) reichen. Als Hauptgang ein Curry-Gericht wählen.

Würzige Melonen

Für Gäste • Im Bild

• Die Peperone waschen, aufschlitzen, von den Samen befreien und sehr fein hacken. Mit dem Limonensaft und dem Basilikum zu einer Marinade verrühren.

• Die Melone von den Kernen befreien und mit einem Kugelausstecher kleine Kugeln ausheben oder das Fruchtfleisch in etwa $1^1/_2$ cm große Würfel schneiden. Mit der Marinade vermischen. Die Tomate klein würfeln.

• Die Melone auf die Teller verteilen und die Tomatenwürfel obenauf geben.

Pro Portion etwa: 350 kJ/83 kcal

Tip

Sie können dieses Gericht auch mit Netz-, Honig- und Wassermelonen anrichten. Bei Wassermelonen die Kerne entfernen.

Menü

Als Aperitifgericht mit Ananas-Limonen-Saft oder Weißwein-Schorle servieren. Danach Warmen Artischockensalat (Seite 18), Auberginenauflauf (Seite 52) und Brombeeren mit Limonencreme (Seite 64) reichen.

Zutaten für je 4 Personen

Mango-Chutney

$^1/_2$ Peperone
4 Teel. milder Essig (Reisessig)
Meersalz
2 Prisen bunter Pfeffer, grob gestoßen
2 Teel. Sonnenblumen- oder Sojaöl
1 Eßl. glatte Petersilie, fein geschnitten
1 Mango
Saft von 1 Saftorange
$^1/_2$ Teel. Ingwer, frisch gerieben
400 g Kürbis
einige Blätter Römischer Salat, Lollo rosso oder Rucola (Rauke)

Zubereitungszeit: etwa 20 Minuten (+ 30–45 Minuten Marinierzeit)

Würzige Melonen

$^1/_4$ rote Peperone
$1^1/_2$ Eßl. Saft von einer Limone
2 Eßl. Basilikum, fein geschnitten
1 Honigmelone, gekühlt
1 Eiertomate

Zubereitungszeit: etwa 15 Minuten

Zutaten für je 4 Personen

Kürbis-Brombeer-Salat
4 Teel. Himbeeressig
2 Eßl. Sonnenblumenöl, kaltgepreßt
1 Eßl. aromatischer Früchtetee
Meersalz
Pfeffer, frisch gemahlen
1/2 Teel. Estragonblätter
400 g Kürbis
200 g Brombeeren
8 dünne Baguettescheiben
1 kleiner Zucchino

Zubereitungszeit: etwa 20 Minuten

Rhabarbersalat mit Minze
500 g Rhabarber
4 Teel. milder Essig (Reisessig)
1/2 Teel. Akazienhonig
1 Eßl. Sonnenblumenöl, kaltgepreßt
1 Teel. Ingwer, frisch gerieben
1 Eßl. Minzeblätter, frisch geschnitten
Meersalz
Pfeffer, frisch gemahlen
1 kleiner Kopf Eichblattsalat

Zubereitungszeit: etwa 15 Minuten

Kürbis-Brombeer-Salat

Gelingt leicht • Im Bild

• Den Essig, das Öl, den Tee, Salz, Pfeffer und den Estragon verrühren.

• Den Kürbis schälen und in etwa 1/2 cm breite und 5 cm lange Stifte schneiden. Mit der Vinaigrette vermischen. Die Brombeeren waschen, zum Kürbis geben und den Salat nochmals wenden.

• Die Baguettescheiben auf dem Toaster von beiden Seiten rösten. Den Zucchino waschen und in Scheiben schneiden. Den Salat auf den Tellern mit den Brot- und den Zucchinischeiben anrichten.

Pro Portion etwa: 620 kJ/150 kcal

Menü
Gekühltes Mineralwasser, mit einigen Spritzern Himbeeressig und Zitronensaft gewürzt, dazu reichen. Spargel-Pilz-Curry mit Tofu (Seite 49) und Joghurtschaum mit Früchten (Seite 69) folgen lassen.

Rhabarbersalat mit Minze

Pikant • Preiswert

• Den Rhabarber waschen, schälen und in etwa 1 cm dicke Würfel schneiden. In einem Topf den Essig und den Honig erhitzen und darin den Rhabarber zugedeckt bei mittlerer Hitze etwa 1 Minute garen. Das Öl unterrühren und mit dem Ingwer, der Minze, Salz und Pfeffer abschmecken.

• Den Salat waschen, trocknen und den Rhabarber auf einem Salatbett reichen.

Pro Portion etwa: 160 kJ/40 kcal

Menü
Den Salat mit Süßkartoffel-Chips (Seite 9) garnieren, dazu eine Erdbeer-Schorle (Seite 93) reichen.

Feldsalat mit Schafkäse

Pikant • Im Bild

• Den Schafkäse würfeln. 1 Teelöffel Olivenöl mit dem Rosmarin und dem Thymian vermischen und auf den Käse streichen.

• Den Essig, den Apfelsaft, Salz, Pfeffer und 4 Teelöffel Öl verrühren.

• Den Feldsalat putzen – dabei die Büschel erhalten – und waschen. Die roten Beten waschen, schälen und in dünne, etwa 3 cm lange Streifen (Julienne) schneiden.

• Eine Pfanne heiß werden lassen. Die Julienne und den Salat getrennt mit der Sauce vermischen. Den Feldsalat auf die Teller verteilen. Den Käse in der Pfanne unter Wenden erwärmen, aber nicht schmelzen lassen und auf den Salat geben. Mit den rote-Bete-Streifen garnieren.

Pro Portion etwa: 730 kJ/170 kcal

Menü

Vor einem mediterranen Gemüsegericht oder Auflauf servieren.

Selleriesalat mit Kokos

Raffiniert • Läßt sich gut vorbereiten

• Eine Pfanne erhitzen und das Currypulver darin etwa 1/2 Minute anrösten, aber nicht verbrennen lassen! Mit dem Essig und dem Orangensaft ablöschen, salzen und pfeffern.

• Vom Herd nehmen und die beiden Öle untermischen. Die Kokosraspel hineingeben. Die Zwiebel schälen, in dünne Streifen schneiden und hinzufügen. Den Sellerie putzen, bei Bedarf schälen und grob raspeln. Dann untermischen.

• Die Salatblätter waschen, trockenschleudern und auf die Teller verteilen. Den Selleriesalat darauf anrichten. Den Schnittlauch obenauf geben.

Pro Portion etwa: 260 kJ/60 kcal

Menü

Den Selleriesalat mit einem Kressedrink (Seite 93) vor Chinesischem Gemüse mit Buchweizennudeln (Seite 46) servieren.

Zutaten für je 4 Personen

Feldsalat mit Schafkäse

100 g Schafkäse
4 Teel. Olivenöl, kaltgepreßt
2 Eßl. frische Rosmarinnadeln, grob gehackt
1 Teel. frische Thymianblättchen, grob gehackt
4 Teel. Aceto Balsamico (Balsam-Essig)
1 Eßl. Apfelsaft
Meersalz
Pfeffer, frisch gemahlen
200 g Feldsalat
2 kleine rote Bete (etwa 300 g)

Zubereitungszeit: etwa 20 Minuten

Selleriesalat mit Kokos

1 Teel. Currypulver
4 Teel. milder Essig (Reisessig)
1 Eßl. Orangensaft
Meersalz
Pfeffer, grob gestoßen
2 Teel. Sonnenblumenöl, kaltgepreßt
1 Teel. Sesamöl
1 Eßl. Kokosraspel
1 rote Zwiebel
200 g Knollensellerie
einige Blätter Eichblatt- oder Friséesalat
Schnittlauchröllchen

Zubereitungszeit: etwa 20 Minuten

Zutaten für je 4 Personen

Zucchini mit Olivenmus
75 g schwarze Oliven
1 Eßl. Olivenöl, kaltgepreßt
1 Eßl. Pinienkerne, grob gehackt
1 Teel. frische Thymianblättchen
2 Teel. frische Rosmarinnadeln
1 Knoblauchzehe
8 Scheiben Zucchini (etwa 1 cm dick)
Meersalz, Pfeffer
8 dünne Baguettescheiben

Zubereitungszeit: etwa 15 Minuten

Warmer Artischockensalat
Saft von 1 Zitrone
3 Artischocken
1 rote Zwiebel
2 Frühlingszwiebeln
12 Kirschtomaten
2 Eßl. Olivenöl, kaltgepreßt
Meersalz
Pfeffer, frisch gemahlen
1 Teel. milder Essig (Aceto Balsamico)
1/2 Teel. frische Rosmarinnadeln
1 Teel. frische Thymianblätter
einige Blätter Salat

Zubereitungszeit: etwa 35 Minuten

Zucchini mit Olivenmus

Gelingt leicht • Für Gäste

• Die Oliven entsteinen, mit 1/2 Eßlöffel Öl mischen und im Blitzhacker fein hacken oder mit dem Messer fein schneiden (dann im Mörser noch zerstoßen).

• Das Olivenmus mit den Pinienkernen, dem Thymian und dem Rosmarin mischen.

• Den Grill vorheizen. Den Knoblauch schälen und halbieren. Den Rost mit dem restlichen Öl bestreichen, die Zucchini darauf je Seite etwa 1 Minute grillen, salzen und pfeffern. Die Baguettescheiben auf dem Grill oder im Toaster trocken rösten und mit dem Knoblauch abreiben. Die Zucchini auf das Brot geben und mit dem Olivenmus bestreichen.
Das Olivenmus hält sich mehrere Wochen.

Pro Portion etwa: 525 kJ/125 kcal

Menü
Zu Granatapfel-Drink (Seite 93) oder Prosecco reichen.

Warmer Artischockensalat

Aus der Provence • Im Bild

• Den Zitronensaft mit 1 l Wasser mischen. Von den Artischocken den Strunk abbrechen. Die Blätter rundum abschneiden und das »Heu« aus den Böden kratzen. Die Artischockenböden in das Zitronenwasser legen. Die Zwiebel schälen und kleinschneiden. Die Frühlingszwiebeln putzen und in etwa 4 cm lange Stücke schneiden. Die Tomaten waschen.

• Das Öl in einer Pfanne bei mittlerer Hitze erhitzen. Die Artischocken in Scheiben schneiden und im Öl etwa 3 Minuten dünsten. Die Zwiebeln und die Tomaten hinzufügen. Mit Salz, Pfeffer und dem Essig abschmecken. Das Rosmarin und den Thymian hinzugeben. Die Artischocken auf Salatblättern servieren.

Pro Portion etwa: 490 kJ/120 kcal

Menü
Mineralwasser mit Limone oder ein Rosé passen gut. Geben Sie danach ein Süßsaures Paprikagemüse (Seite 29) und Pfirsich-Beeren-Suppe (Seite 76).

Sauerampfer-Spinat-Salat

Preiswert • Im Bild

• In dem Essig Salz auflösen. Pfeffer, das Öl und das Basilikum unterrühren. Die getrockneten Tomaten in feine Streifen schneiden und hinzufügen.

• Den Spinat und den Sauerampfer waschen, trocknen und durch die Vinaigrette ziehen. Die Avocado schälen und in Spalten schneiden.

• Den Spinat und den Sauerampfer auf die Teller verteilen und die Avocadospalten darauf legen.

Pro Portion etwa: 300 kJ/70 kcal

Variante:

Spinatsalat mit Erdbeeren

Statt Tomaten, Sauerampfer und Avocado 150 g geviertelte Erdbeeren verwenden.

Menü

Garnieren Sie den Salat mit eingelegtem Knoblauch (Seite 85, Variante). Als Hauptgang Pot-au-feu mit Tofu (Seite 34), als Dessert Fruchtsalat (Seite 73) reichen.

Linsensalat

Spezialität aus Frankreich

• Die Linsen mit 600 ml Wasser etwa 2 Minuten kochen; beiseite stellen und etwa 1 Stunde quellen lassen.

• Nach etwa 45 Minuten Essig, Öl, Sherry, Salz und Pfeffer verrühren. Die Gemüse waschen. Den Broccoli in Röschen teilen. Die Stiele und die Möhren bei Bedarf schälen, mit den Zucchini in linsengroße Würfel schneiden und in die Sauce geben. Die Zwiebel und den Knoblauch schälen, sehr klein schneiden und dazugeben.

• Die Linsen mit dem Lorbeerblatt im Einweichwasser aufkochen, etwa 5 Minuten garen; abtropfen lassen, mit den Kräutern unter das Gemüse mischen.

Pro Portion etwa: 1100 kJ/260 kcal

Variante:

Linsensalat mit Spargel und Grapefruit

Das Gemüse durch je 200 g gegarte Spargel und Kaiserschoten sowie 1 rosa Grapefruit ersetzen.

Menü

Dazu paßt Roséwein. Vor Süßsaurem Paprikagemüse (Seite 29) reichen.

Zutaten für je 4 Personen

Sauerampfer-Spinat-Salat

4 Teel. Aceto Balsamico (Balsam-Essig)
Meersalz, Pfeffer
3 Teel. Olivenöl, kaltgepreßt
1 Teel. Basilikumstreifen
50 g getrocknete, in Öl eingelegte Tomaten (ital. Spezialitätengeschäft)
100 g junger Spinat
50 g Sauerampfer
1/4 reife Avocado

Zubereitungszeit: etwa 20 Minuten

Linsensalat

200 g Berglinsen (Dupuy-Linsen)
4 Teel. Aceto Balsamico
8 Teel. Olivenöl, kaltgepreßt
4 Teel. trockener Sherry
Meersalz, Pfeffer
je 200 g Broccoli, Möhren und Zucchini
1 rote Zwiebel
1 kleine Knoblauchzehe
1 Lorbeerblatt
1 Teel. frische Thymianblätter
1/2 Teel. frische Rosmarinnadeln
2 Teel. glatte Petersilie, frisch geschnitten

Zubereitungszeit: etwa 20 Minuten (+ etwa 1 Stunde Quellzeit)

Zutaten für 4 Personen

$2^1/_2$ Eßl. Sonnenblumenöl, kaltgepreßt
1 g Safranpulver oder -fäden
6 Eßl. Weißwein- oder Cidre-Essig
1 Eßl. Orangensaft
Meersalz
Pfeffer, frisch gemahlen
500 g fingerdicke Schwarzwurzeln
1 kleiner Radicchio
1 rosa Grapefruit
1 Zweiglein Zitronenmelisse

Zubereitungszeit: etwa 35 Minuten

Schwarzwurzelsalat mit Grapefruit

Exklusiv • Für Gäste

• 4 Teelöffel Öl und den Safran erwärmen. Dann in einer Schüssel mit 4 Teelöffeln Essig, dem Orangensaft, Salz und Pfeffer verrühren.

• 2 l Wasser mit 1 Eßlöffel Essig mischen. Die Schwarzwurzeln waschen und schälen; dabei die Enden abschneiden. Gleich ins Essigwasser legen. Dann in etwa 5 cm lange Stücke schneiden.

• 1 Eßlöffel Öl in einer breiten Deckelpfanne erhitzen und die Schwarzwurzeln darin bei mittlerer Hitze etwa 3 Minuten dünsten. Mit dem restlichen Essig aufgießen, salzen und pfeffern und die Flüssigkeit fast einkochen lassen. Die Schwarzwurzeln in der Schüssel mit der Marinade vermischen.

• Den Radicchio waschen und trocknen. Die Grapefruit schälen, nach Belieben filieren oder nur in Spalten teilen und diese halbieren. Den Salat auf die Teller geben und den Schwarzwurzelsalat, die Grapefruits und die Zitronenmelisse darauf verteilen.

Pro Portion etwa: 400 kJ/95 kcal

Varianten:

Schwarzwurzelsalat mit gegrillten Orangen
Spalten von 1 Navel- und 1 Blutorange je Seite 1–2 Minuten grillen und statt Grapefruit auf den Salat geben.

Schwarzwurzelsalat mit Zitronenvervene
Zitronenvervene wird neuerdings frisch auf dem Markt angeboten. Statt Zitronenmelisse verwenden.

Schwarzwurzelsalat rustikal
Statt Zitronenmelisse Thymian verwenden und 1 gewürfelte rote Zwiebel in die Vinaigrette geben.

Spargelsalat mit Grapefruit
Im Frühjahr, wenn keine Schwarzwurzeln auf dem Markt sind, können Sie diese Vorspeise mit Spargel zubereiten.

Menü
Den Salat mit trockenem Weißwein oder gekühltem Mineralwasser reichen; danach passen eine Quiche mit Broccoli und Walnüssen (Seite 55) und ein Fruchtsalat (Seite 73).

Klein
aber fein

Lunch und Suppen

Zum Mittags-Lunch ist ein leichtes herzhaftes Gericht genau das Richtige. Es soll anregend sein, ohne zu beschweren, und die Zubereitung darf nicht zuviel Zeit beanspruchen. Dies klappt gut mit asiatischen Pfannengerichten ebenso wie mit kleinen mediterranen Nudelgerichten und warmen würzigen Salaten. Die kräftigen Suppentöpfe haben den Vorteil, daß Sie sie meist im voraus zubereiten können.

Aus frischem Gemüse schnell eine Mahlzeit gezaubert
Für ein Essen in familiärer Runde mit Freunden sind Grillgemüse und in Brühe »al dente« blanchierte (vorgegarte) Gemüse vielseitig verwendbar. Grillgemüse garen Sie am besten auf dem Blech oder einer Grillpfanne. In der nebenstehenden Tabelle finden Sie eine Anzahl von Gemüsen, die dafür geeignet sind. Alle Gemüse sollten Sie natürlich vorher noch waschen und gegebenenfalls putzen und/oder schälen. Gemüsescheiben sollten etwa 5 mm dick sein.

Zur Tabelle: Sie gibt Ihnen einen Überblick darüber, w
Dazu finden Sie Serviervorschläge.

Grillgemüse und Gemüse »al dente«:	**Vorbereiten**
Artischockenböden	in Viertel schneiden
Aubergine	in Scheiben schnei
Zucchini	in Scheiben schnei
Schwarzwurzel	in Stücke schneide
Möhre	halbieren
Petersilienwurzel	in Scheiben schnei
Mangoldstiele	in Stücke schneide
Spargel	ganz lassen
Knollensellerie	in Scheiben schnei
Topinambur	in Scheiben schnei
Pastinake	in Scheiben schnei
Süßkartoffel	in Scheiben schnei
Kohlrabi	in Scheiben schnei
Paprikaschote	in Stücke schneide
Tomate	halbieren
Rosenkohl	halbieren
Fingermais	ganz lassen

e verschiedene Gemüse vorbereiten und entweder »al dente« garen oder kurz grillen.

Blanchierzeit in Minuten	Grillzeit in Minuten	dazu paßt
4–5	6–8 (in Scheiben)	Olivenmus (Seite 18)
2	5	Tomaten-Confit (Seite 87)
1	3–4	Gratinierter Schafkäse
6	5 (vorblanchiert)	Dip aus Joghurt mit Currypulver
3	5 (in Scheiben)	Dip aus Kefir, Senf und Estragon
3	5 (in Scheiben)	Creme aus Roquefort (Seite 10) und Gemüsebrühe
2	3 (vorblanchiert)	Ingwer süßsauer (Seite 87)
8	6	Orangen-Vinaigrette (Seite 22)
6	3	geröstete Sesamsamen
4	3	Tomaten-Confit (Seite 87)
2	3	Dip aus Frischkäse mit Kreuzkümmel
2–3	2–3	Tomatenpesto (Seite 82)
4	2–3	Knoblauchöl (Seite 85)
2–3	3–4	Basilikumöl (Seite 85, Variante)
15–20 Sek.	2	Rucolaöl (Seite 85, Variante)
3–4	3–4 (vorblanchiert)	zerlassene Butter mit gehackten Mandeln
4	6–8	zerlassene Kräuterbutter

Croûtons – raffinierte Einlage in Suppen und Eintöpfe

In Frankreich heißen sie »croûtons« und in Italien »crostini«, die kleinen knusprig würzigen Brotscheiben, die im Nu eine ideale Beilage ergeben, wenn es in der Suppen- und Lunchküche schnell gehen soll.
Legen Sie dünne Baguettescheiben auf den Toasteraufsatz und rösten Sie sie von beiden Seiten, oder geben Sie sie bei 220° auf das Blech in den Backofen. (Bleiben Sie dabei, damit Ihnen nichts anbrennt!) Sie können die Scheibchen mit Knoblauch einreiben und mit Olivenöl beträufeln, aber etwa auch mit Schafkäse oder gehacktem Tomatensalat belegen.
Gut geeignet für Croûtons ist auch rustikales Bauernbrot. Schneiden Sie es in Dreiecke oder Würfel, und rösten Sie sie in der Pfanne in Würzöl.

Paprikagemüse süßsauer

Gelingt leicht • Im Bild

• Die Paprikaschoten und die Tomaten waschen und trocken abreiben. Die Paprika halbieren, von Rippen und Kernen befreien und in Streifen schneiden. Ananas von Schale und Strunk befreien und in etwa 1 cm dicke Würfel schneiden. Kaiserschoten waschen, Enden abtrennen und Schoten diagonal halbieren. Zwiebel und Knoblauch schälen und in Streifen schneiden.

• Das Öl in einer Pfanne bei mittlerer Hitze erhitzen. Die Zwiebel, den Knoblauch und die Paprikaschoten darin etwa 3 Minuten dünsten. Die Tomaten, die Ananas und die Kaiserschoten hinzufügen und mit Salz, Pfeffer, dem Honig, dem Essig und dem Ingwer würzen. Nochmals aufkochen lassen.

Pro Portion etwa: 570 kJ/140 kcal

Menü

Als Aperitifgetränk einen Orangen-Grapefruit-Saft, als Beilage einen körnig gekochten Naturreis und als Nachspeise eine Feigen-Quiche (Seite 66, Variante) reichen.

Zucchini-Curry

Preiswert • Läßt sich gut vorbereiten

• Die Zwiebel schälen und in Streifen schneiden. Den Knoblauch schälen und kleinschneiden. Die Paprikaschoten waschen, vierteln, von den Trennwänden und Kernen befreien und in etwa 2 cm große Rauten schneiden.

• Den Sellerie und die Zucchini waschen und trockenreiben. Die Zucchini längs vierteln und mit dem Sellerie in etwa 2 cm dicke Stücke schneiden.

• In einem Topf das Öl heiß werden lassen und die Zwiebel, den Knoblauch und die Paprikaschoten darin bei mittlerer Hitze unter Rühren etwa 2 Minuten dünsten. Mit dem Curry bestäuben. Den Sellerie, die Zucchini und die Gemüsebrühe hinzufügen. Mit Pfeffer, Salz und der Zitronenschale würzen. Aufkochen lassen, die Sahne dazugeben und etwa 5 Minuten offen köcheln lassen.

Pro Portion etwa: 600 kJ/140 kcal

Menü

Als Aperitif Apfel-Mango-Saft und als Beilage einen Basmatireis servieren; mit frischem Kerbel garnieren.

Zutaten für je 4 Personen

Paprikagemüse süßsauer

je 1 grüne, gelbe, rote Paprikaschote
200 g Kirschtomaten
1/4 Ananas
100 g Kaiserschoten
1 rote Zwiebel
1 Knoblauchzehe
2 Teel. Sonnenblumenöl, kaltgepreßt
Meersalz
Pfeffer, frisch gemahlen
1 Eßl. Honig
3 Eßl. Reisessig
1 Teel. Ingwer, frisch gerieben

Zubereitungszeit: etwa 20 Minuten

Zucchini-Curry

1 rote Zwiebel
1 Knoblauchzehe
je 1 rote und gelbe Paprikaschote
1 Stange Staudensellerie
800 g Zucchini
1 Eßl. Sonnenblumenöl
2 Teel. Currypulver
1/4 l Gemüsebrühe
Pfeffer, frisch gemahlen
Meersalz
1/2 Teel. abgeriebene Schale einer unbehandelten Zitrone
4 Eßl. Sahne
4 Eßl. saure Sahne

Zubereitungszeit: etwa 20 Minuten

Zutaten für je 4 Personen

Nudeln mit Gemüsesauce
1 rote Zwiebel
1 Knoblauchzehe
700 g reife Flaschentomaten
4 Teel. Olivenöl, kaltgepreßt
4 Eßl. Weißwein (ersatzweise
1 Teel. Akazienhonig)
Meersalz, Pfeffer
1 Zweig Thymian
400 g frische Nudeln (S. 88)
100 g Zucchini
100 g Fenchel
1 Teel. Aceto Balsamico
1 Teel. frische Rosmarin-nadeln

Zubereitungszeit:
etwa 15 Minuten

Ratatouille
2 rote Zwiebeln
1 Knoblauchzehe
3 bunte Paprikaschoten
600 g Zucchini
600 g Auberginen
200 g Kirschtomaten
4 Frühlingszwiebeln
2 Eßl. Olivenöl, kaltgepreßt
je 1 Teel. frischer Thymian, Rosmarin, Majoran
1 Eßl. Petersilie, frisch geschnitten
Meersalz, Pfeffer
2 Eßl. Aceto Balsamico

Zubereitungszeit:
etwa 20 Minuten

Nudeln mit Gemüsesauce

Provenzalisch • Im Bild

• Zwiebel und Knoblauch schälen und würfeln. Die Tomaten waschen, bis auf 3 Tomaten würfeln und pürieren.

• In einem Topf 2 Teelöffel Öl erhitzen. Zwiebel und Knoblauch andünsten, mit dem Wein ablöschen und bei mittlerer Hitze einkochen lassen. Tomaten, Salz, Pfeffer und Thymian hinzugeben, zugedeckt etwa 10 Minuten köcheln lassen.

• Inzwischen 2 l Salzwasser aufkochen lassen und die Nudeln darin je nach Frische in 3–5 Minuten bißfest garen.

• Die Zucchini und den Fenchel waschen und mit den restlichen Tomaten sehr klein würfeln. Mit Essig in die Sauce rühren. Rosmarin dazugeben und alles noch etwa 1 Minute garen.

• Die Nudeln abgießen, mit dem restlichen Öl vermischen, auf die Teller verteilen und die Sauce obenauf geben.

Pro Portion etwa: 1850 kJ/445 kcal

Beilage
Mit gemischtem Salat servieren.

Ratatouille

Spezialität aus Frankreich

• Die Zwiebeln und den Knoblauch schälen und würfeln. Die Gemüse waschen. Die Paprika von Rippen und Samen befreien und wie die Zucchini und die Auberginen in etwa 2 cm große Stücke schneiden. Die Hälfte der Tomaten würfeln, die andere halbieren. Die Frühlingszwiebeln in etwa 3 cm große Stücke teilen.

• Das Öl in einem breiten Topf bei mittlerer Hitze erhitzen und die Zwiebeln, den Knoblauch und die Paprikaschoten darin etwa 1 Minute wenden. Die Kräuter unterrühren. Die Zucchini hinzufügen und wiederum nach etwa 1 Minute die Auberginen hineingeben. Alles etwa 2 Minuten dünsten. Dann die Kirschtomaten und die Frühlingszwiebeln in den Topf geben. Mit Salz, Pfeffer und dem Essig abschmecken. Bei mittlerer Hitze zugedeckt etwa 5 Minuten garen.

Pro Portion etwa: 640 kJ/150 kcal

Beilage
Mit kleinen Pellkartoffeln und einem Rotwein servieren.

Zutaten für 4 Personen

Nudeln mit Grillgemüse
3 Eßl. Olivenöl, kaltgepreßt
Saft von 1/2 Zitrone
1 Eßl. frische Oregano-blättchen
Pfeffer, frisch gemahlen
1 mittelgroßer Zucchino
1 kleine Aubergine
je 1 rote und gelbe Paprikaschote
200 g Austernpilze
200 g Kirschtomaten
4 Salbeiblätter, in Stücke geschnitten
Meersalz
400 g frische Bandnudeln (Seite 88)
1 Eßl. frische Kerbel-blättchen
1 Eßl. glatte Petersilie, fein geschnitten

Zubereitungszeit: etwa 20 Minuten

Nudeln mit Grillgemüse

Raffiniert • Gelingt leicht

• In einer Schüssel das Öl mit dem Zitronensaft, dem Oregano und Pfeffer vermischen. Die Gemüse bis auf die Pilze waschen und nacheinander vorbereitet in die Schüssel geben: Den Zucchino längs achteln und in etwa 5 cm lange Stücke schneiden. Die Aubergine längs halbieren und quer in etwa 1/2 cm dicke Scheiben schneiden. Die Paprikaschoten halbieren, von den Rippen und den Kernen befreien und in etwa 5 cm große Rauten schneiden. Die Austernpilze mit Küchenpapier abreiben und je nach Größe halbieren oder vierteln.

• Die Kirschtomaten einschlitzen, mit dem Salbei füllen, salzen und pfeffern und getrennt bereitstellen.

• Den Grill vorheizen oder eine Grillpfanne erhitzen. 2 l Salzwasser aufkochen lassen. Die Nudeln darin je nach Frische in 2–5 Minuten bißfest garen.

• Inzwischen die Gemüse abtropfen lassen und die Tomaten mit etwas abgetropfter Marinade beträufeln. Die Schüssel mit der restlichen Marinade warm stellen. Die Gemüse nacheinander auf den Grill, dann in die Schüssel geben: Dafür den Zucchino, die Paprika und die Pilze je Seite etwa 1 Minute, die Aubergine je Seite etwa 1 1/2 Minuten und die Tomaten auf einer Seite etwa 1/2 Minute grillen. Die Gemüse salzen und in der Marinade warm halten.

• Die Gemüse auf die Teller verteilen. Mit Hilfe von Gabel und Löffel runde Nudelnester darauf setzen. Mit dem Kerbel und der Petersilie bestreuen.

Pro Portion etwa: 2000 kJ/480 kcal

Variante:
Nudeln mit Grillgemüse und Schafkäse
Statt der Kräuter 120 g zerbröckelten Schafkäse über die Nudeln streuen.

Menü
Reichen Sie vorher Würzige Melonen (Seite 13), dazu gemischten Blattsalat und Beerenbowle oder Rosé. Zum Schluß Brombeeren mit Limonencreme (Seite 64).

Zutaten für 4 Personen

12 junge Möhren mit Grün
8 kleine festkochende Kartoffeln
100 g Staudensellerie
1 kleine Fenchelknolle
1 rote Zwiebel
1 Knoblauchzehe
8 Teltower Rübchen
Meersalz
2 1/2 Eßl. Olivenöl, kaltgepreßt
1 Eßl. Tomatenmark
1 Teel. Senfpulver
1 Teel. Paprikapulver, rosenscharf
1 l Gemüsebrühe (Seite 36)
abgeriebene Schale von 1/4 unbehandelten Zitrone
1 Lorbeerblatt
je 1 Zweiglein Thymian und Rosmarin
200 g Kirschtomaten
Pfeffer, frisch gemahlen
2 Teel. Zitronensaft
250 g Tofu
2 Eßl. gemischte Kräuter, fein geschnitten (Petersilie, Thymian, Rosmarin)

Zubereitungszeit: etwa 45 Minuten

Pot-au-feu mit Tofu

Gelingt leicht • Läßt sich gut vorbereiten

• Das Gemüse waschen. Bei den Möhren das Grün 2–3 cm stehenlassen. Die Kartoffeln ungeschält halbieren. Die Selleriestangen dritteln. Den Fenchel achteln. Die Zwiebel schälen und würfeln. Den Knoblauch schälen. Die Rübchen putzen.

• 1/4 l Salzwasser aufkochen und die Teltower Rübchen darin 5–8 Minuten garen; dann abschütten und abbrausen.

• 1 Eßlöffel Öl in einem Topf bei mittlerer Hitze erhitzen und die Zwiebel darin mit dem Tomatenmark, dem Senf- und dem Paprikapulver etwa 1 Minute dünsten. Die Brühe dazugießen und aufkochen lassen. Die Zitronenschale, das Lorbeerblatt, den Knoblauch und den Thymian- und Rosmarinzweig hinzugeben. Die Kartoffeln darin zugedeckt etwa 6 Minuten garen. Dann die Möhren, den Sellerie, den Fenchel und die Rübchen in 6 weiteren Minuten »bißfest« garen.

• Die Tomaten vierteln, zum Gemüse geben, mit Salz, Pfeffer, dem Zitronensaft und 1 Eßlöffel Öl abschmecken, weiter köcheln lassen.

• In einer Pfanne das restliche Öl bei mittlerer Hitze heiß werden lassen.

• Den Tofu in vier Scheiben schneiden, salzen, pfeffern und in den Kräutern wenden. Die Scheiben von jeder Seite etwa 1 1/2 Minuten braten.

Pro Portion etwa: 1100 kJ/260 kcal

Varianten:

Pot-au-feu mit roter Bete

3 rote Bete stifteln und mit 100 g Wirsingstreifen mit den Möhren zum Gemüse geben.

Pot-au-feu mit Artischocken

3 Artischockenböden vierteln und mit den Möhren in den Topf geben.

Menü

Den Tofu und das Gemüse auf die Teller verteilen und etwas Brühe darübergeben. Für jede Person eine Suppentasse Brühe separat reichen. Dazu ein warmes Baguette mit Walnüssen (Seite 90, Variante) und einen trockenen Weißwein (Muscadet) servieren. Vorher eine Rohkost und nachher eine Obst-Quiche (Seite 67) reichen.

Gemüsebrühe

Preiswert • Für den Vorrat

• Die Zwiebel schälen. Die Möhren und den Knollensellerie waschen, bürsten und eventuell schälen. Den Lauch der Länge nach aufschlitzen und unter fließendem Wasser waschen. Die Tomate waschen. Alles in Würfel schneiden und mit 3 l Wasser zum Kochen bringen. Die Knoblauchzehe schälen und mit dem Lorbeerblatt, den Gewürznelken, dem Thymianzweig, den Petersilienstengeln, dem Pfeffer und dem Majoran hinzufügen.

• Die Brühe bei schwacher Hitze im halb geschlossenen Topf etwa 45 Minuten kochen lassen; dann durch ein Sieb gießen. Die Brühe hält sich im Kühlschrank etwa 3 Tage, tiefgefroren 3–6 Monate.

Insgesamt etwa: 750 kJ/180 kcal

Tip

Sie finden in Naturkostgeschäften ein Angebot von Instant-Gemüsebrühen in geschmacklich guter Qualität. Achten Sie beim Einkauf darauf, daß das von Ihnen ausgewählte Produkt keinen Geschmacksverstärker enthält.

Spargel-Mangold-Suppe

Raffiniert • Im Bild

• Die Gemüse waschen. Den Spargel schälen und mit den Mangoldstielen in etwa 1/2 cm dicke Stücke schneiden. Die Mangoldblätter in Streifen schneiden.

• Die Brühe aufkochen und salzen. Das Öl in einer Pfanne bei mittlerer Hitze erhitzen. Das Gemüse darin etwa 2 Minuten dünsten. Die Brühe, die Crème double, die saure Sahne mit dem Pürierstab aufschlagen. Das Gemüse unterrühren. Die Suppe mit dem Kerbel auf die Teller geben.

Pro Portion etwa: 210 kJ/50 kcal

Variante:
Kürbissuppe mit Süßkartoffeln
100 g Kürbis, 100 g Süßkartoffeln, 100 g Kartoffeln und 2 Möhren würfeln, etwa 3 Minuten in Öl und 5 Minuten in der Brühe garen. Statt Crème double 1 Teelöffel Sojasauce und 3 1/2 Teelöffel geriebenen Ingwer dazugeben.

Menü

Vor einer gebackenen Spezialität und einem leichten Dessert reichen.

Zutaten für Gemüsebrühe (2 l)

1 rote Zwiebel
200 g Möhren
100 g Knollensellerie
1 Stange Lauch
1 reife Tomate
1 Knoblauchzehe
1 Lorbeerblatt
2 Gewürznelken
1 kleiner Zweig Thymian
4 Petersilienstengel
Pfeffer, grob gemahlen
1/2 Teel. frischer Majoran

Zubereitungszeit:
etwa 1 Stunde

Zutaten für Spargel-Mangold-Suppe (4 Personen)

100 g Spargel
100 g Mangold
1/2 l Gemüsebrühe (Rezept nebenstehend)
Meersalz
1 Teel. Sonnenblumenöl, kaltgepreßt
1 Eßl. Crème double
1 Eßl. saure Sahne
einige Kerbelblättchen

Zubereitungszeit:
etwa 15 Minuten

Schwarze-Bohnen-Salat mit Grillgemüse

Spezialität aus Kalifornien • Läßt sich gut vorbereiten

• Die Bohnen mit Wasser bedeckt mit dem Lorbeerblatt und dem Bohnenkraut etwa 2 Minuten kochen; dann für 1 Stunde beiseite stellen. Die Bohnen anschließend in etwa 30 Minuten bißfest garen; abtropfen und im Topf offen stehenlassen; sie dampfen aus, bleiben aber warm.

• Während der Garzeit für die Marinade die Chilischote waschen, halbieren, von den Samen befreien, kleinschneiden und zum Öl geben. (Mit den Händen nicht in die Augen kommen, Chili brennt wie Feuer!) Knoblauch schälen und zum Öl pressen. Koriandergrün oder Petersilie, Pfeffer und Zitronenschale untermischen.

• Die Zwiebel schälen und in Scheiben schneiden. Die Gemüse waschen und trocken abreiben. Die Paprikaschote halbieren, von Rippen und Samen befreien und vierteln. Die Zucchini längs vierteln; dann die Stangen in drei gleiche Teile schneiden. Die Kirschtomaten einschneiden und das Basilikum in die Schlitze stecken.

• Den Grill vorheizen oder die Grillpfanne erhitzen. Die Grillgemüse mit der Hälfte der Marinade bepinseln. Den Essig und die Sojasauce mit Salz verrühren und mit der restlichen Marinade vermischen. Die schwarzen Bohnen damit vermischen. Die Zucchini, die Paprikaschoten und die Zwiebeln unter Wenden etwa 3 Minuten, die Tomaten etwa 1 Minute grillen.

• Die Limone waschen, trocken abreiben, längs halbieren und eine Hälfte achteln. Das Grillgemüse salzen, mit dem Schwarze-Bohnen-Salat und den Limonenachteln auf die Teller verteilen. Die restliche Limone darüber auspressen. Den Parmesan darüber hobeln.

Pro Portion etwa: 1200 kJ/290 kcal

Variante:

Schneller Bohnensalat

Gegarte Bohnen verwenden. Das Grillgemüse mit 2 Eßlöffeln Pesto (Seite 82) bestreichen und wie beschrieben grillen.

Menü

Vorher: Feldsalat mit Schafkäse (Seite 17); nachher: Quittenkompott mit Joghurtcreme (Seite 73).

Zutaten für 4 Personen

150 g getrocknete schwarze Bohnen
1 Lorbeerblatt
1 kleiner Zweig Bohnenkraut
1 Chilischote
3 Eßl. Olivenöl, kaltgepreßt
1 Knoblauchzehe
1 Eßl. Koriandergrün, frisch geschnitten oder glatte Petersilie
1/2 Teel. bunter Pfeffer, grob gestoßen
abgeriebene Schale von 1/4 unbehandelten Zitrone
1 rote Zwiebel
1 gelbe Paprikaschote
2 Zucchini
12 Kirschtomaten
12 Basilikumblätter
1 Eßl. Aceto Balsamico (Balsam-Essig)
1 Eßl. Sojasauce
Meersalz
1 Limone
60 g Parmesan vom Stück

Zubereitungszeit: etwa 35 Minuten (+ etwa 1 Stunde Quellzeit)

Zutaten für 4 Personen

800 g Salatkartoffeln, festkochend
1 Lorbeerblatt
2 Eßl. Aceto Balsamico (Balsam-Essig)
Meersalz
Pfeffer, frisch gemahlen
1 Teel. Senf
8 Teel. Olivenöl, kaltgepreßt
1 Frühlingszwiebel
1 Gärtnergurke oder ½ Schlangengurke
1 großer Zucchino
200 g Kirschtomaten
200 g Möhren
200 g Champignons
1 rote Zwiebel
5 Eßl. trockener Weißwein oder Gemüsebrühe
½ Bund Basilikum, in Streifen geschnitten

Zubereitungszeit: etwa 40 Minuten

Warmer Kartoffel-Zucchini-Salat

Pikant • Gelingt leicht

• Die Kartoffeln waschen und mit dem Lorbeerblatt in Salzwasser etwa 30 Minuten garen.

• Den Essig mit Salz, Pfeffer, dem Senf und 6 Teelöffeln Öl verrühren. Die Frühlingszwiebel waschen, samt Lauch kleinschneiden und hineingeben. Die Gurke waschen, würfeln und hinzufügen. Den Zucchino waschen, halbieren, in dünne Scheiben schneiden und untermischen.

• Die Kirschtomaten waschen. Die Möhren waschen, falls nötig, schälen und in dünne Scheiben schneiden. Die Champignons putzen, waschen und vierteln. Die rote Zwiebel schälen und in Würfel schneiden.

• Die Kartoffeln abgießen, möglichst ungeschält in Scheiben schneiden und zu den Zucchini geben. Mit Salz und Pfeffer abschmecken.

• 2 Teelöffel Öl in einer Pfanne bei mittlerer Hitze heiß werden lassen. Die Zwiebelwürfel darin dünsten. Nach etwa 2 Minuten die Möhrenscheiben hinzugeben. Nach weiteren 3 Minuten die Pilze und nach weiteren 2 Minuten die Tomaten hinzufügen. Das Pfannengemüse salzen und pfeffern. Den Weißwein oder die Gemüsebrühe hinzugießen und das Gemüse darin etwa 2 Minuten köcheln lassen.

• Das Gemüse mit einem Schaumlöffel aus dem Sud heben und auf die Teller verteilen. Den Sud über den Salat gießen, einmal wenden. Den Salat mit dem Basilikum garnieren und auf die Teller geben.

Pro Portion etwa: 1125 kJ/250 kcal

Menü

Zu diesem pikant-würzigen Lunchgericht passen ein gemischter Blattsalat und ein Sandwich aus getoastetem Roggenbrot, mit Schafkäse gefüllt. Als Getränk eignet sich eine Apfelsaft-Schorle mit Zitronensaft oder Weißwein-Schorle, aber auch ein trockener Moselwein. Vorher Würzige Melonen (Seite 13) und nachher Pfirsich-Beeren-Suppe (Seite 76) reichen.

ZUM SATT ESSEN

Hauptsache Gemüse

Wie jedes Menü, so verlangt auch das vegetarische nach einem attraktiven Hauptgericht – vor allem zu festlichen Anlässen oder bei Einladungen. Hierfür eignen sich die »exquisiten« Produkte der Saison wie Spargel, Artischocken und Auberginen (siehe den Saisonkalender in der vorderen Klappe). Aber auch fast vergessene Sorten lohnt es wiederzuentdecken, beispielsweise Steckrübe und Schwarzwurzel.

Geheimtip: Raffiniert kombinieren

Oft sind die Zutaten der Gerichte raffiniert kombiniert wie bei der sizilianischen Caponata. Sie finden aber auch Spezialitäten, in deren Mittelpunkt ganz gewöhnliche Gemüse wie Kartoffeln oder Tomaten stehen. Die Rezepte stammen meist aus der Regionalküche und sind von Generation zu Generation weitergetragen und verfeinert worden. Häufig besticht eine gekonnte Würzkombination, oft sind es die aromatischen Kräuter, die den Gemüsegerichten den gewissen Pfiff geben.

Kräuter: das A & O in der Gemüseküche

Für die feine Würze spielen frische Kräuter eine große Rolle. Sie können Sie in Töpfen oder Blumenkästen auf dem Fensterbrett und dem Balkon halten oder im Garten anpflanzen. Minze, Lorbeer, Kerbel, Schnittlauch und glattblättrige Petersilie gedeihen problemlos. Basilikum und Oregano geben den Gerichten eine mediterrane, Rosmarin und Thymian eine provenzalische und Koriandergrün eine asiatische Note.

Mit frischen Kräutern können Sie auch Kräuteröle, Kräuterpasten, Kräuteressige und Pesto (Rezepte im Kapitel »Aus der Vorratskammer des Genießers«, ab Seite 78) herstellen. Mit diesen Küchenextras können Sie, gerade wenn es schnell gehen muß, oder im Winter, wenn es kaum frische Kräuter gibt, Ihren Gerichten ein pikantes volles Aroma verleihen.

Frische Kräuter
Zum Ernten von Kräutern in Töpfchen schneiden Sie immer nur die Spitzen der Kräuterzweige ab, damit die Pflanzen nachwachsen können.

Die benötigte Kräuterportion erst kurz vor dem Kochen frisch von den Pflanzen abschneiden, dann geben sie ein belebendes intensives Aroma.

Die Kräuter lieber klein schneiden und nicht hacken, da sie beim Hacken Saft und damit Aroma verlieren.

Kleingeschnittene frische Kräuter wie Basilikum, Kerbel, Petersilie, Minze und Koriandergrün erst in den letzten Garminuten zum Gericht geben, denn bei längerem Mitkochen verlieren sie Duft, Farbe und Geschmack.

Kräuterzweige sowie Lorbeerblatt, aber auch Salbei und Oregano von Beginn an mitgaren.

Kräuter einfrieren
Frische Kräuter eignen sich zum Einfrieren, besonders Dill, Schnittlauch, Minze, Basilikum, Petersilie und Koriandergrün.

Zum Einfrieren waschen, trockentupfen und kleinschneiden, in größeren Portionen in Behälter füllen. Kleinere Portionen in Eiswürfel einfrieren und später unaufgetaut zum Kochen oder für Cocktails verwenden.

Getrocknete Kräuter
Getrocknete Kräuter sollten Sie immer nur in kleinen Portionen und nicht stark pulverisiert kaufen, sie verlieren schnell ihr Aroma. Zerstoßen Sie sie vor dem Kochen selbst im Mörser.

Trockenkräuter immer in lichtundurchlässigen Behältern oder dunklen Gläsern aufbewahren und vor Sonneneinstrahlung schützen. So bewahren sie länger ihren intensiven Geschmack.

Wenn Sie statt frischen Kräutern getrocknete verwenden wollen, nehmen Sie in der Regel nur ein Drittel der angegebenen Menge des frischen Krauts.

Reis – ideale Beilage zu Gemüse

Ein kleiner Vorrat an gekochtem Reis (gut zugedeckt hält er sich etwa 1 Woche im Kühlschrank) versetzt Sie in die angenehme Lage, ohne viel Zeitaufwand eine attraktive Beilage für Gemüsegerichte zubereiten zu können. Hier sind zwei Beispiele, wie Sie gekochten Reis nicht nur aufwärmen, sondern gleichzeitig verfeinern können.

Würziger Reis
Erhitzen Sie für 4 Portionen gekochten Reis 1 Teelöffel Sonnenblumenöl, dünsten Sie darin 2 kleingeschnittene Schalotten mit 1 Teelöffel Senfpulver und 1/4 Teelöffel Cayennepfeffer. Mischen Sie 2 Eßlöffel gehackte Petersilie, den Reis und den Saft von 1/2 Zitrone unter und lassen Sie den Reis bei schwacher Hitze durchwärmen. Schmecken Sie mit Salz und Pfeffer ab.

Gelber Reis
Geben Sie mit dem Senfpulver 1/4 Teelöffel Gelbwurzpulver oder 1 Teelöffel Safranpulver hinzu.

Zutaten für 4 Personen

150 g Austernpilze oder Shiitakepilze
1 rote Zwiebel
1 Knoblauchzehe
2 kleine Senfkohlköpfe oder 400 g Mangold
1 Möhre
100 g Sojabohnensprossen
1 gelbe Paprikaschote
4 Frühlingszwiebeln
1 Eßl. Sonnenblumenöl, kaltgepreßt
2 Eßl. Sojasauce
1 Eßl. Ingwer, frisch gerieben
1 Teel. Szechuan-Pfeffer oder Pimentpulver
1 Eßl. Sesamöl
1 Eßl. Koriandergrün oder glatte Petersilie, frisch geschnitten
Meersalz
320 g chinesische Buchweizennudeln

Zubereitungszeit: etwa 20 Minuten

Chinesisches Gemüse mit Buchweizennudeln

Exklusiv • Für Gäste

• Die Pilze putzen und in Streifen schneiden. Die Zwiebel schälen und in Streifen schneiden. Die Knoblauchzehe schälen. Den Senfkohl waschen und in Streifen schneiden (oder den Mangold waschen, die Stiele in Stücke und die Blätter in Streifen schneiden). Die Möhre waschen, schälen und in etwa 2 cm dicke Stücke rollschneiden: Dafür das Messer gerade ansetzen und unter dem Schneiden die Möhre um ein Viertel wenden. Die Stücke sind dann schräg geschnitten. Die Sojabohnensprossen waschen und abtropfen lassen. Die Paprikaschote waschen, trocken abreiben, halbieren, von Rippen und Samen befreien und in etwa 2 cm große Rauten schneiden. Den Zwiebellauch gründlich waschen und in etwa 3 cm lange Stücke schneiden.

• Das Öl in einer großen schweren Pfanne oder in einem Wok bei mittlerer Hitze heiß werden lassen. Die Zwiebel und den Knoblauch darin etwa 1 Minute dünsten. Das gesamte kleingeschnittene Gemüse in die Pfanne geben und unter Rühren etwa 3 Minuten dünsten. Mit der Sojasauce ablöschen und mit dem Ingwer, dem Szechuan-Pfeffer, dem Sesamöl und dem Koriandergrün vermischen.

• Inzwischen 2 l Salzwasser aufkochen und darin die Buchweizennudeln etwa 3 Minuten garen; dann abschütten und unter das Gemüse mischen.

Pro Portion etwa: 1600 kJ/380 kcal

Menü

Reichen Sie dazu chinesisches essigsaures Gemüse (aus dem asiatischen Spezialgeschäft). Als Getränk grünen Tee oder Pils. Bei einem festlichen Menü paßt als Aperitifgericht Mango-Chutney (Seite 13), als Vorspeise Schwarzwurzelsalat (Seite 22) und als Dessert Fruchtsalat (Seite 73).

Spargel-Pilz-Curry mit Tofu

Preiswert • Im Bild

• Die Gemüse waschen, trockenreiben und gegebenenfalls schälen oder putzen. Den Spargel in etwa 4 cm lange Stücke schneiden. Die Paprika halbieren und in fingerdicke Streifen schneiden. Die Frühlingszwiebeln in etwa 2 cm lange Stücke schneiden. Die Champignons vierteln. Den Tofu in kleine Stücke schneiden.

• Das Öl in einem Wok oder einer gußeisernen Pfanne bei mittlerer Hitze erhitzen. Die Paprika im Öl einmal wenden, dann unter Rühren nacheinander den Spargel, die Frühlingszwiebeln und die Champignons hinzugeben. Das Gemüse mit dem Curry bestäuben und wenden. Die Sojasauce und die Sahne einrühren, salzen und pfeffern. Den Tofu und das Koriandergrün hineingeben und aufkochen lassen.

Pro Portion etwa: 870 kJ/210 kcal

Menü

Vorher Selleriesalat (Seite 17), dazu körniger Reis, danach Joghurtschaum mit Früchten (Seite 69).

Gratinierte Polenta

Aus Italien • Läßt sich gut vorbereiten

• In einem Topf $^1/_2$ l Salzwasser aufkochen. Den Maisgrieß mit einem Schneebesen langsam einrühren und bei schwacher Hitze unter häufigem Rühren etwa 8 Minuten quellen lassen. Zum Schluß Pfeffer, die Petersilie und das Basilikum unterrühren. Die Polenta auf eine Platte geben, glattstreichen und erkalten lassen (dies kann am Vortag geschehen).

• Den Backofen auf 200° vorheizen. Die Polenta in etwa 1 cm dicke Scheiben schneiden und in eine breite gefettete Auflaufform legen. Jede Scheibe mit 1 Käsescheibe belegen und mit etwas Parmesan bestreuen. Mit dem Wein oder dem Essig und der Milch umgießen und im Backofen (Mitte, Umluft: 180°) etwa 20 Minuten backen, bis die Flüssigkeit verdampft ist.

Pro Portion etwa: 1100 kJ/260 kcal

Menü

Mit einem gemischten Salat reichen. Vorher: Selleriesalat (Seite 17); nachher: Quittenkompott (Seite 73).

Zutaten für je 4 Personen

Spargel-Pilz-Curry
500 g Spargel
1 rote Paprikaschote
3 Frühlingszwiebeln
600 g Champignons
400 g Tofu
1 Eßl. neutrales Öl (Sojaöl)
1 Eßl. Currypulver
4 Eßl. Sojasauce
4 Eßl. Sahne
Meersalz, Pfeffer
2 Teel. Koriandergrün oder glatte Petersilie, frisch geschnitten

Zubereitungszeit: etwa 35 Minuten

Gratinierte Polenta
Meersalz
150 g grober Maisgrieß
Pfeffer, frisch gemahlen
1 Eßl. glatte Petersilie, frisch geschnitten
1 Eßl. Basilikum, frisch geschnitten
80 g Greyerzer in Scheiben
15 g Parmesan, frisch gerieben
80 ml herber Weißwein oder 1 Eßl. Aceto Balsamico und 50 ml Milch
Fett für die Form

Zubereitungszeit: etwa 30 Minuten

Zutaten für je 4 Personen

Caponata
1 Zwiebel
1 Knoblauchzehe
1 kg Strauchtomaten
5 Teel. Olivenöl, kaltgepreßt
2 Teel. frische Thymianblätter
100 g schwarze Oliven ohne Kerne, grob gehackt
4 Eßl. Kapern
1 große Aubergine
4 Eßl. Gemüsebrühe oder Salzwasser
Meersalz
Pfeffer, frisch gemahlen
2–4 Eßl. Aceto Balsamico (Balsam-Essig)
3–4 Teel. Akazienhonig

Zubereitungszeit: etwa 25 Minuten

Pfannengemüse
400 g grüner Spargel
je 1 gelbe und grüne Paprikaschote
3 Artischocken
2 Teel. Olivenöl
Meersalz
Pfeffer, frisch gemahlen
1 Eßl. Basilikum, frisch geschnitten

Zubereitungszeit: etwa 20 Minuten

Caponata

Aus Sizilien • Läßt sich gut vorbereiten

• Zwiebel und Knoblauch schälen und kleinschneiden. Die Tomaten waschen, würfeln und grob pürieren.

• 2 Teelöffel Öl in einem Topf erhitzen und die Zwiebel darin glasig dünsten. Den Knoblauch, die Tomaten und den Thymian hinzugeben und zugedeckt etwa 10 Minuten bei schwacher Hitze garen, bei mittlerer Hitze in etwa 5 Minuten einkochen. Die Oliven und die Kapern etwa 5 Minuten mitgaren.

• Inzwischen in einer Pfanne 3 Teelöffel Öl erhitzen. Die Aubergine waschen, in etwa 1 cm dicke Würfel schneiden und bei mittlerer Hitze im Öl bräunen; dann mit der Brühe ablöschen.

• Die Sauce salzen, pfeffern. Mit dem Essig und dem Honig süß-sauer abschmecken. Die Auberginenwürfel hineingeben und kurz darin ziehen lassen. Die Caponata hält sich im Kühlschrank etwa 1 Woche.

Pro Portion etwa: 1100 kJ/260 kcal

Tip
Als Vorspeise warm oder kalt, als Hauptgang mit Gemüse reichen.

Pfannengemüse mit Artischocken

Gelingt leicht • Im Bild

• Die Gemüse waschen und abtrocknen. Den Spargel am Stielende schälen, vom Ende befreien und in Scheibchen schneiden. Die Paprika von Rippen und Samen befreien und in Streifen schneiden. Von den Artischocken den Strunk abbrechen, die Blätter abschneiden und das »Heu« auskratzen. Die Böden würfeln.

• Das Öl in einer Pfanne oder dem Wok erhitzen und die Artischocken darin unter Rühren etwa 2 Minuten dünsten; dann die Paprikastreifen und nach weiteren 2 Minuten den Spargel einrühren. Alles noch etwa 1 Minute rührgaren. Mit Salz, Pfeffer und dem Basilikum würzen.

Pro Portion etwa: 540 kJ/130 kcal

Menü
Das Gemüse mit der Caponata (Rezept nebenstehend), Mineralwasser und Chianti servieren. Vorher Früchte mit Roquefort-Dip (Seite 10), nachher eine Quiche mit schwarzen Kirschen (Seite 66) reichen.

Zutaten für je 4 Personen

Kartoffelgulasch
1 rote Zwiebel
600 g kleine festkochende Kartoffeln
1 kleine Steckrübe oder Knollensellerie
4 Möhren
4 reife Tomaten
1 Knoblauchzehe
1 Gewürznelke
1 Lorbeerblatt
1 Eßl. Olivenöl, kaltgepreßt
1/2 Teel. Muskatblüte
Meersalz
Pfeffer, frisch gemahlen
1 Frühlingszwiebel

Zubereitungszeit: etwa 35 Minuten

Auberginenauflauf
3 Auberginen
1 kg Flaschentomaten
1 rote Zwiebel
1 Knoblauchzehe
300 g Mozzarella
2 Eßl. Olivenöl, kaltgepreßt
5 Eßl. gemischte Kräuter, frisch geschnitten
Meersalz
Pfeffer, frisch gemahlen
Fett für die Form

Zubereitungszeit: etwa 40 Minuten (davon etwa 20 Minuten Backzeit)

Kartoffelgulasch

Preiswert • Im Bild

• Die Zwiebel schälen und würfeln. Alle Gemüse waschen. Kartoffeln ungeschält längs vierteln. Steckrübe oder den Sellerie schälen und in etwa 4 cm lange Stifte schneiden. Möhren schaben und in 2–3 cm dicke Stücke schneiden. Tomaten klein würfeln. Knoblauch schälen und mit Nelke und Lorbeerblatt spicken.

• Das Öl in einem Topf bei mittlerer Hitze erhitzen und die Zwiebeln, die Kartoffeln und den Knoblauch darin etwa 4 Minuten dünsten. Die Steckrübe und die Möhren etwa 2 Minuten mitdünsten. Die Tomaten, die Muskatblüte, Salz und Pfeffer einrühren. Alles aufkochen und bei schwacher Hitze zugedeckt etwa 10 Minuten garen.

• Die Frühlingszwiebel in etwa 1 cm große Stücke schneiden und in der letzten Garminute dazugeben.

Pro Portion etwa: 810 kJ/190 kcal

Menü
Vorspeise: Kürbis-Brombeer-Salat (Seite 14), Beilage: Gemüse- oder Blattsalat; Dessert: Quittenkompott (Seite 73).

Auberginen-auflauf

Gelingt leicht

• Die Auberginen und die Tomaten waschen und abreiben. Die Auberginen in längliche, die Tomaten in runde Scheiben schneiden. Die Zwiebel und den Knoblauch schälen und wie den Mozzarella in kleine Würfel schneiden.

• Den Backofen auf 180° vorheizen. Eine Grillpfanne erhitzen, einfetten und die Auberginen darin je Seite etwa 1 Minute grillen. Eine Auflaufform fetten und mit einer Lage Auberginen auslegen. Darauf jeweils eine Hälfte Zwiebel, Knoblauch, Tomaten, Käse und Kräuter geben; salzen und pfeffern. Mit einer Lage Auberginen, Zwiebel, Knoblauch und Tomaten fortfahren. Mit Käse enden.

• Auflauf im Ofen (Mitte, Umluft 160°) in etwa 20 Minuten goldbraun backen. Mit restlichen Kräutern bestreuen.

Pro Portion etwa: 1000 kJ/240 kcal

Menü
Vorher Artischockensalat (Seite 18), dazu Backkartoffeln, danach Brombeeren mit Limonencreme (Seite 64).

Quiche mit Broccoli und Walnüssen

Für Gäste • Läßt sich gut vorbereiten

Zutaten für eine Quicheform von 26 cm Ø

Für den Teig:
130 g Dinkel oder Weizen, fein gemahlen
Meersalz
25 g kalte Butter
2 Eßl. kalter Joghurt
1/4 Teel. Akazienhonig

Für den Belag:
600 g Broccoli
1 Teel. Sonnenblumenöl, kaltgepreßt
2 Schalotten
20 g Walnußkerne
1/2 Teel. frische Thymianblättchen
1/2 l Milch (oder Milch und Sahne)
3 Eier
Pfeffer, frisch gemahlen
1/2 Teel. Muskatnuß, frisch gerieben
2 Eßl. Parmesan, frisch gerieben

Für die Form:
Fett und 1 Eßl. Vollkornbrösel

Für die Arbeitsfläche:
Mehl

Zubereitungszeit:
etwa 1 1/4 Stunden (davon etwa 30 Minuten Backzeit)

• Mit der Küchenmaschine (in wenigen Sekunden) oder mit den Händen das Mehl, 1 Prise Salz und die Butter in Flöckchen vermischen. Den Joghurt und den Honig und – falls nötig – 1 Eßlöffel Wasser unterkneten. Der Teig soll saftig sein. Die gefettete Quicheform mit den Grahambröseln ausstreuen. Den Teig auf bemehlter Arbeitsfläche ausrollen und den Boden sowie den Rand der Form bis auf etwa 2 cm Höhe auslegen. Den Teig etwa 30 Minuten kalt stellen.

• Inzwischen 1 l Salzwasser aufkochen. Den Broccoli waschen und die Röschen kurz abschneiden. Die Stiele schälen und in etwa 1 cm dicke Scheiben schneiden. Röschen und Scheibchen etwa 3 Minuten kochen, dann abtropfen lassen.

• In einer Pfanne bei mittlerer Hitze das Öl erhitzen. Die Schalotten schälen, würfeln und im Öl etwa 1 Minute dünsten. Die Walnüsse zerbröckeln und mit dem Thymian unterrühren. (Teig und Belag können am Vortag vorbereitet werden.)

• Den Backofen auf 180° vorheizen. Die Milch, eventuell die Sahne, die Eier, Salz, Pfeffer und den Muskat mit dem Pürierstab verrühren.

• Die Broccolischeiben mit den Walnüssen vermischen und auf dem Boden auslegen. Die Röschen obenaufsetzen und die Eiermilch darüber gießen. Die Quiche mit dem Käse bestreuen und im Backofen (Mitte, Umluft 160°) in etwa 30 Minuten goldgelb backen.

Bei 8 Personen pro Portion etwa: 955 kJ/230 kcal

Variante:
Quiche mit Rosenkohl und Walnüssen
Statt Broccoli in Scheiben geschnittenen Rosenkohl verwenden.

Menü
Als Vorspeise: Sauerampfer-Spinat-Salat (Seite 21); als Beilage: Grillgemüse (Seite 32); als Getränk: Prosecco oder Bananen-Kirschsaft; als Dessert: Preiselbeer-Kürbis-Gratin (Seite 64).

Zutaten für je 4 Personen

Kartoffeltarte (für eine Springform von 26 cm Ø)
6 feste Flaschentomaten
800 g große Kartoffeln
1 Bund Basilikum
Meersalz, Pfeffer
Olivenöl
Fett für die Form

Zubereitungszeit:
etwa 1 Stunde (davon etwa 45 Minuten Backzeit)

Gemüse-Chili
200 g gemischte Bohnen (schwarze Bohnen, Kidney- und Riesenbohnen)
1 Knoblauchzehe
1 Rosmarinzweig und
1/2 Teel. Nadeln
2 rote Zwiebeln
3 Paprikaschoten (rot, grün und gelb)
500 g Strauchtomaten
3 Frühlingszwiebeln
1 Eßl. Olivenöl, kaltgepreßt
1/2 Teel. Paprikapulver, rosenscharf
1 eingelegte rote Chilischote
1/2 Teel. Kümmelpulver
Meersalz, Pfeffer
1 Eßl. glatte Petersilie, frisch geschnitten

Zubereitungszeit:
etwa 35 Minuten
(+ etwa 1 Stunde Quellzeit)

Kartoffeltarte

Gelingt leicht • Für Gäste

• Den Backofen auf 200° vorheizen. Die Tomaten waschen und in dünne Scheiben schneiden. Die Kartoffeln schälen und in sehr feine Scheiben schneiden. Das Basilikum kleinschneiden.

• Die Hälfte der Kartoffelscheiben dachziegelartig in die gefettete Springform schichten; den Rand auslegen. Die Tomaten darauflegen, salzen, pfeffern und mit dem Basilikum bestreuen. Mit den restlichen Kartoffeln dachziegelartig abdecken und mit etwas Olivenöl bepinseln. Die Tarte im Backofen (Mitte, Umluft 180°) etwa 45 Minuten backen und heiß servieren.

Pro Portion etwa: 870 kJ/210 kcal

Variante:
Kartoffeltarte mit Topinambur
Festlich füllen mit 600 g hauchdünnen Topinamburscheiben, 3 Eßlöffeln Petersilie und etwas Trüffelöl.

Menü
Vorspeise: Zucchini mit Olivenmus (Seite 18); Beilage: gemischter Salat; Dessert: Pfirsich-Beeren-Suppe (Seite 76).

Gemüse-Chili

Preiswert • Im Bild

• Die Bohnen mit 600 ml Wasser etwa 2 Minuten kochen und abseits etwa 1 Stunde quellen lassen. Den Knoblauch schälen und mit dem Rosmarinzweig zu den Bohnen geben. Diese etwa 30 Minuten bei schwacher Hitze kochen lassen; dann abgießen.

• Inzwischen die Zwiebeln schälen und würfeln. Die Gemüse waschen, abreiben und putzen. Paprika in Rauten, Tomaten in kleine Würfel, Frühlingszwiebeln in etwa 2 cm lange Stücke schneiden.

• Das Olivenöl in einem hohen Topf erhitzen. Die Zwiebeln, die Paprika, den weißen Zwiebellauch und das Paprikapulver darin bei mittlerer Hitze etwa 2 Minuten unter Rühren garen. Die Tomaten, die Chilischote, den Kümmel, das Zwiebelgrün, die Rosmarinnadeln, Salz, Pfeffer und die Bohnen dazugeben und alles etwa 3 Minuten kochen. Mit der Petersilie bestreuen.

Pro Person etwa: 1100 kJ/260 kcal

Beilage
Mit Süßkartoffel-Chips (Seite 9) und mexikanischem Bier servieren.

Gemüsespieße

Gelingt leicht • Im Bild

• Die Holzspieße wässern. Den Zitronensaft mit Salz, Pfeffer und dem Öl mischen. Den Knoblauch schälen und hineinpressen. Das Basilikum zur Hälfte kleinschneiden und dazugeben.

• Den Grill vorheizen. Die Gemüse waschen. Die Auberginen in Scheiben, die Zucchini in etwa 1 × 2 cm dicke Stücke teilen. Beides mit Marinade bestreichen. Die Paprika von Rippen und Samen befreien und in etwa 1 × 2 cm große Stücke schneiden. Die Tomaten anschneiden und mit einem Teil der Basilikumblätter füllen. Die Champignons und die Käsekugeln halbieren.

• Die Zucchini auf einer Seite etwa 1, die Auberginen auf jeder Seite etwa 3 Minuten grillen. Bis auf die Auberginen alles auf die Spieße stecken, mit Marinade bestreichen und unter Wenden grillen, ohne daß der Käse schmilzt. Mit den Auberginen reichen.

Pro Portion etwa: 1800 kJ/430 kcal

Beilage

Dazu Pfannengemüse mit Artischocken (Seite 50) reichen.

Schwarzwurzel-Ragout

Für Gäste

• Die Schalotten und den Knoblauch schälen und würfeln. Die Gemüse waschen und putzen. Die Schwarzwurzeln schälen, von den Enden befreien und in 2 l Essigwasser legen. Die Mangoldblätter in Streifen, die Stiele, die Schwarzwurzeln, die Möhren und die Zwiebeln in etwa 4 cm lange Stücke schneiden.

• Das Öl bei mittlerer Hitze erhitzen und die Schalotten, den Knoblauch und die Schwarzwurzeln dünsten. Den Curry, die Möhren und die Mangoldstiele unterrühren. Mit der Brühe oder dem Wein aufgießen und alles etwa 7 Minuten bei schwacher Hitze offen kochen lassen. Die Sahne, die Zwiebeln und die Mangoldblätter etwa 3 Minuten mitkochen lassen, würzen.

Pro Portion etwa: 780 kJ/190 kcal

Menü

Vorher: Gefüllte Datteln (Seite 10); dazu: Roter Reis und Jasmintee; als Dessert: Preiselbeer-Kürbis-Gratin (Seite 64).

Zutaten für je 4 Personen

Gemüsespieße

8 Holzspießchen
Saft von 1 Zitrone
Meersalz
Pfeffer, frisch gemahlen
4 Eßl. Olivenöl, kaltgepreßt
1 Knoblauchzehe
1 Bund Basilikum
2 Auberginen
4 mittelgroße Zucchini
1 gelbe Paprikaschote
24 Kirschtomaten
8 Champignons
400 g kleine ganz kalte Kugeln Mozzarella

Zubereitungszeit: etwa 20 Minuten

Schwarzwurzel-Ragout

4 Schalotten
1 Knoblauchzehe
700 g Schwarzwurzeln
2 Eßl. Essig
500 g Mangold
400 g junge Möhren
2 Frühlingszwiebeln
1 Eßl. Sonnenblumenöl, kaltgepreßt
2 Teel. Currypulver
1/4 l Gemüsebrühe oder herber Weißwein
4 Eßl. Sahne
4 Eßl. saure Sahne
Meersalz, Pfeffer

Zubereitungszeit: etwa 30 Minuten

Obst
Obst
Obst!

Desserts

Der Nachtisch ist die Krönung eines Menüs, und deswegen sollte er durch Einfallsreichtum und Originalität bestechen. Daß Sie für ein solches Dessert nicht unbedingt viel Zeit benötigen, beweisen die nachfolgenden Rezepte. Die Desserts werden alle mit Früchten zubereitet, sie sind frisch und leicht. Wichtig ist, daß Sie voll ausgereifte Früchte verwenden, sie geben den Desserts einen unvergleichlich guten Geschmack.

Frische Früchte ...

Besonders schnell zubereitet sind Obstsalate oder frisches Obst mit Schlagsahne und Eis. Natürlich sind Ihrer Fantasie hier keine Grenzen gesetzt. Ein paar tolle Ideen, wie Sie verschiedene Obstsorten der Saison entsprechend einkaufen und kombinieren können, gibt Ihnen der folgende Überblick.

Im Frühling

- Erdbeeren, Rhabarber (mit Honig mariniert) und Orangen, kombiniert mit Mandeln und Minze

- Geschlagene Sahne unter Rhabarberkompott heben

- Erdbeeren mit geschlagener Sahne und ganzen grünen Pfefferkörnern

Im Sommer

- Honigmelone, Feige und Himbeeren, kombiniert mit frisch geschnittenem Rosmarin

- Pfirsichspalten (mit Honig erwärmt), Johannisbeeren und Eis (Vanille, Mandel, Joghurt oder Karamel)

Im Herbst

- Brombeeren, Pfirsiche und Kiwis, kombiniert mit frischen Walnüssen und Estragon oder Vervene

- Heidelbeeren, Joghurt und geschlagene Sahne, mit Bourbon-Vanillepulver gewürzt

Im Winter

- Blutorange, Grapefruit und Physalis (Kap-Stachelbeeren), kombiniert mit gerösteten Cashewnüssen und Ingwer

- Apfelspalten (mit Apfeldicksaft erwärmt) und griechischer Joghurt

Sahniges on top!

Schon bei der Zubereitung der Schlagsahne können Sie Schwung in Ihre schnelle Dessertküche bringen.

• Schlagsahne (Crème Chantilly)
100 g kalte Sahne in einer vorgekühlten Schüssel mit dem Rührgerät bei mittlerer Leistung schlagen. ½ Teelöffel Zuckerrohrgranulat oder Honig hinzufügen, bevor die Sahne steif zu werden beginnt.

• Beeren-Sahne
Die geschlagene Sahne mit 300 g zerdrückten frischen Erdbeeren oder Himbeeren vermischen.

• Zimt-Sahne
1 Teelöffel Zimtpulver unter die Sahne mischen.

• Vanille-Sahne
½ Teelöffel Bourbon-Vanillepulver unter die Sahne mischen.

Getrocknete Aprikosen für alle Gelegenheiten

Mit einer Tüte getrockneten Aprikosen im Vorrat können Sie ganz unkompliziert ein schnelles Dessert zaubern. Dafür 250 g kleingeschnittene getrocknete Aprikosen mit ¼ l Orangensaft und 125 ml Wasser etwa 20 Minuten schwach kochen und die Flüssigkeit zur Hälfte einkochen lassen. Mit 2 Eßlöffeln Akazienhonig und 1½ Eßlöffeln frisch geriebenem Ingwer oder 2 Prisen Bourbon-Vanillepulver würzen.

• Aprikosensauce
Die gegarten Aprikosen mit dem Pürierstab pürieren.

• Aprikosenkompott
Die Hälfte der Aprikosen unpüriert lassen.
Sauce und Kompott zu Eis, Cremes oder Pudding reichen.

• Aprikosen-Aufstrich
Die Flüssigkeit beim Einkochen auf ein Viertel verdampfen lassen.

Zutaten für die Dessert-Küche

Die beiden folgenden Produkte zum Andicken und Binden sind Ihnen vielleicht noch nicht bekannt. Sie erhalten Sie im Reformhaus oder Naturkostladen:

• Agar-Agar ist ein Geliermittel aus der Vollwertküche. Es wird aus einer Algenart gewonnen und hat eine starke Gelierkraft. Das Pulver wird in Flüssigkeit angerührt und muß 1–2 Minuten kochen, bevor es geliert.

• Johannisbrotkernmehl ist ein Bindemittel aus der Frucht des Johannisbrotbaums. Es bindet sowohl heiß als auch kalt.

Für die fruchtigen Desserts, die Sie in diesem Kapitel finden, sollten Sie außerdem an Gewürzen und anderen Zutaten im Schrank haben: Zimtpulver, Bourbon-Vanillepulver, gemahlenen Kardamom, Sternanis, flüssigen Honig (am besten Akazienhonig), Apfeldicksaft und Nüsse, die Sie gerne mögen.

Zutaten für je 4 Personen

Preiselbeer-Kürbis-Gratin
750 g Kürbis
200 g Preiselbeeren
4 Eßl. Akazienhonig
1 Teel. Butter
1 Prise Bourbon-Vanille-pulver
1/2 Teel. Zimtpulver
100 ml trockener Weißwein oder weißer Traubensaft und Saft von 1/2 Zitrone
50 g Haselnüsse
3 Eier
250 g Quark (40%)

Zubereitungszeit:
etwa 40 Minuten

Brombeeren mit Limonencreme
100 g Sahne
1 Teel. Anis, gestoßen
1/2 Teel. Agar-Agar
140 g Akazienhonig
Saft von 2 Limonen
500 g Dickmilch
100 ml Holundersaft
100 ml schwarzer Johannisbeersaft
1 Vanilleschote
1 Sternanis
1 Eßl. Minzeblättchen
1 g Johannisbrotkernmehl
400 g Brombeeren

Zubereitungszeit:
etwa 30 Minuten
(+ etwa 3 Stunden Ruhezeit)

Preiselbeer-Kürbis-Gratin

Läßt sich gut vorbereiten

• Den Kürbis schälen und würfeln. Die Beeren waschen und abtropfen lassen. In einem Topf 2 Eßlöffel Honig mit der Butter, der Vanille und dem Zimt bei mittlerer Hitze unter Rühren hellbraun karamelisieren. Die Beeren, den Wein oder Saft und den Kürbis darin etwa 8 Minuten köcheln lassen, dann in eine Auflaufform geben.

• Den Backofen auf 200° vorheizen. Die Nüsse in einer Pfanne anrösten. Die Haut abreiben und die Nüsse im Mörser grob zerstoßen.

• Die Eier trennen. Die Eigelbe, den Quark, den restlichen Honig und die Nüsse vermischen. Eiweiße steif schlagen und unterheben. Über die Früchte geben und im Backofen (Mitte, Umluft 180°) etwa 20 Minuten überbacken.

Pro Portion etwa: 1700 kJ/400 kcal

Variante: Beerengratin
600 g Beeren zuvor in je 6 Eßlöffeln Cassis und Traubensaft etwa 10 Minuten mit Minze marinieren.

Brombeeren mit Limonencreme

Raffiniert • Im Bild

• Für die Creme die Sahne mit dem Anis aufkochen. Das Agar-Agar in 2 Eßlöffeln Wasser auflösen und in die Sahne rühren. Abseits vom Herd 40 g Honig und den Limonensaft untermischen. Die Sauce abkühlen lassen, mit der Dickmilch verrühren und kalt stellen.

• Inzwischen den Holunder- und den Johannisbeersaft mit dem restlichen Honig, der aufgeschlitzten Vanilleschote und dem Sternanis in einem Topf bei mittlerer Hitze etwa 5 Minuten kochen lassen. Die Minze hinzufügen und das Johannisbrotkernmehl abseits vom Herd einrühren. Die Sauce aufkochen lassen und kalt stellen.

• Die Brombeeren waschen, abtropfen lassen, in die kalte Sauce geben und auf die Teller verteilen. Die Anis-Limonen-Creme ausstechen und dazusetzen.

Pro Portion etwa: 1415 kJ/440 kcal

Variante: Heidelbeeren mit Limonencreme
Statt Brombeeren Heidelbeeren verwenden.

Zutaten für eine Quicheform von 26 cm Ø

Für den Teig:
130 g Dinkel oder Weizen, fein gemahlen
1 Prise Meersalz
25 g kalte Butter
20 g kalter Joghurt
5 Eßl. Akazienhonig
2 Prisen Bourbon-Vanillepulver

Für den Belag:
600 g schwarze Kirschen
200 g Crème double
50 g Quark (40%)
1/3 Teel. Zimtpulver
abgeriebene Schale von 1/2 unbehandelten Zitrone

Für die Form:
Fett und 1 Eßl. Vollkornbrösel

Zubereitungszeit:
etwa 1 Stunde 35 Minuten (davon etwa 30 Minuten Ruhe- und etwa 35 Minuten Backzeit)

Quiche mit schwarzen Kirschen

Läßt sich gut vorbereiten • Für Gäste

• Die Form fetten und mit den Bröseln ausstreuen. Mit der Küchenmaschine (in wenigen Sekunden) oder mit den Händen das Mehl, das Salz und die Butter in Flöckchen vermischen. Dann mit dem Joghurt, 2 Eßlöffeln Honig und der Vanille und je nach Bedarf 1 Eßlöffel Wasser zu einem saftigen Teig verkneten.

• Den Teig auf einer bemehlten Arbeitsfläche ausrollen und damit den Boden und den Rand der Form auskleiden. Etwa 30 Minuten kalt stellen. (Wenn Sie den Teig am Vortag zubereiten, den Boden mit Pergamentpapier und Trockenerbsen belegen und etwa 10 Minuten bei 180° vorbacken; am Zubereitungstag in etwa 15 Minuten fertig backen.)

• Den Backofen auf 180° vorheizen und die Quiche mit einer Gabel einige Male einstechen. Die Kirschen waschen, entsteinen und auf der Quiche verteilen. Die Crème double mit dem Quark, 3 Eßlöffeln Honig, dem Zimt und der Zitronenschale verrühren und über die Kirschen gießen. Die Quiche im Backofen (Mitte, Umluft 160°) in etwa 35 Minuten goldbraun backen.

Dazu paßt Schlagsahne, mit Joghurt und Zimt vermischt.

Bei 8 Personen pro Portion etwa: 1100 kJ/260 kcal

Varianten:

Rhabarber-Quiche
800 g Rhabarber vor dem Backen in etwa 1 cm große Stücke schneiden und, mit 2 Eßlöffeln Honig vermischt, etwa 30 Minuten marinieren lassen.

Feigen-Quiche
9 in Scheiben geschnittene Feigen rosettenartig auf der Quiche verteilen und mit 2 Eßlöffeln Pinienkernen bestreuen.

Stachelbeeren-Quiche
Statt der Kirschen Stachelbeeren verwenden.

Johannisbeer-Quiche
Statt der Kirschen Johannisbeeren verwenden und statt der Creme mit Eischnee von 3 Eiweiß und 3 Eßlöffeln Honig vermischen.

Birnen-Quiche
1 kg in längliche Scheiben geschnittene Birnen auf der Quiche verteilen.

Joghurtschaum mit Früchten

Gelingt leicht • Im Bild

• Die Melonen schälen, halbieren, entkernen und als Kugeln ausstechen oder würfeln. Die Melonenreste pürieren (ergibt etwa 1 Tasse). Den Joghurt mit dem Pürierstab unterrühren und schaumig aufschlagen. Mit dem Limonensaft und dem Honig abschmecken.

• Den Granatapfel quer halbieren, die Kerne auslösen und aufheben. Die Kiwis schälen, würfeln und auf die Teller verteilen. Die Melonenkugeln dazulegen und mit dem Joghurtschaum begießen. Mit einem Hauch Vanille bestäuben. Mit der Minze und den Granatapfelkernen garnieren.

Pro Portion etwa: 1060 kJ/250 kcal

Variante:
Joghurtschaum mit Blutorangen und Erdbeeren
Den Joghurt mit dem Saft von 1 Blutorange mischen. Dünne Scheiben von 2 Blutorangen auf Teller verteilen. 400 g Erdbeeren, leicht zerdrückt, in die Mitte geben, Joghurt aufschlagen und dazugießen.

Kastaniencreme

Für Gäste

• Die geschälten Kastanien mit der Milch, der Sahne und 3 Eßlöffeln Honig in einer Schüssel mit dem Pürierstab zu einer feinen Creme rühren. Mit dem Zimt, 1 Prise Vanille, der Orangenschale und dem Rum nach Belieben verrühren. Die Creme in Dessertgläser füllen und kalt stellen.

• Die Cranberries waschen. Den restlichen Honig mit der Butter und den Cranberries in einem Topf bei mittlerer Hitze erhitzen. Mit dem Weißwein oder Saft ablöschen. Die Zimtstange, 2 Prisen Vanille und 200 ml Wasser dazugeben und alles etwa 10 Minuten bei schwacher Hitze offen kochen lassen.

• Den Zimt entfernen. Die Cranberries warm oder kalt zur Creme reichen. Dazu paßt Mürbeteig-Teegebäck.

Pro Portion etwa: 1500 kJ/360 kcal

Tip
Ungeschälte Kastanien kreuzweise einritzen, etwa 15 Minuten in Wasser kochen, naß halten und Schale sowie Haut abziehen.

Zutaten für je 4 Personen

Joghurtschaum mit Früchten
je 1 reife Cavaillon- und Netzmelone
400 g Sahnejoghurt
Saft von 2 Limonen
2 Eßl. Akazienhonig
1 Granatapfel
3 Kiwi
1 Prise Bourbon-Vanillepulver
1 Eßl. Minzeblätter, frisch geschnitten

Zubereitungszeit: etwa 20 Minuten

Kastaniencreme
250 g geschälte Maroni (ungeschält 300 g, siehe Tip auf dieser Seite)
200 ml Milch
100 g Sahne
6 Eßl. Akazienhonig
1 Prise Zimtpulver
3 Prisen Bourbon-Vanillepulver
abgeriebene Schale von 1/4 unbehandelten Orange
2 Eßl. Rum nach Belieben
200 g Cranberries (ersatzweise Preiselbeeren)
1/2 Teel. Butter
100 ml herber Weißwein oder weißer Traubensaft
1/2 Zimtstange

Zubereitungszeit: etwa 20 Minuten

Zutaten für 6 Personen

3 Eßl. Akazienhonig
1 Prise Bourbon-Vanillepulver
1 Teel. Minzeblätter, frisch geschnitten
1 Eßl. Himbeergeist nach Belieben
800 g Himbeeren
4 Passionsfrüchte (Maracuja)
200 g ungesalzener Ricotta (ersatzweise Sahnequark)
100 ml Milch
2 frische Eier

Zubereitungszeit: etwa 30 Minuten

Himbeergratin mit Passionsfrucht

Für Gäste • Raffiniert

• 1 Eßlöffel Honig mit 2 Eßlöffeln Wasser erwärmen; dann vom Herd nehmen, mit der Vanille und der Minze würzen und abkühlen lassen; nach Belieben mit dem Himbeergeist parfümieren. Die Himbeeren in eine Schüssel füllen und mit der Marinade begießen.

• Die Passionsfrüchte aufschneiden, das Fruchtfleisch mit einer kleinen Gabel herauskratzen, auf ein Haarsieb geben und sorgfältig durchstreichen.

• Den Backofen auf 200° vorheizen. Den Ricotta mit der Milch verrühren. Die Eier trennen und die Eigelbe unterrühren. 2 Eßlöffel Honig und das Passionsfruchtmark untermischen. Die Eiweiße sehr steif schlagen und unter die Ricottamasse heben. Die Himbeeren samt Marinade in eine Auflaufform füllen und mit der Ricottamasse bedecken.

• Das Himbeergratin für etwa 10 Minuten in den Backofen (Mitte, Umluft 180°) oder unter den Grill schieben, bis es eine goldgelbe Kruste bekommen hat. Heiß servieren. Dazu passen gut Nuß- oder Kokosnußplätzchen als Ergänzung.

Pro Portion etwa: 700 kJ/170 kcal

Varianten:

Gratin von Erdbeeren mit Passionsfrucht
Statt Himbeeren Erdbeeren verwenden, je nach Größe achteln oder vierteln, mit 1 Eßlöffel Grand Marnier oder frischem Orangensaft vermischen. Mit der Passionsfrucht-Ricotta-Mischung überkrusten.

Gratin von Orangen mit Passionsfrucht
Statt Himbeeren je 2 Orangen und Grapefruits filieren (die Spalten von den weißen Häutchen befreien). Die Marinade zusätzlich mit 1 Prise Kardamom, 1 Eßlöffel Grand Marnier und 2 weiteren Eßlöffeln Honig würzen. Mit der Passionsfrucht-Ricotta-Mischung wie im Rezept beschrieben überkrusten.

Quittenkompott mit Joghurtcreme

Raffiniert • Gelingt leicht

• Die Quitten waschen, trocken abreiben und je nach Sorte schälen. Die Früchte sechsteln, von den Kerngehäusen befreien. Den Orangensaft mit Wasser auf 200 ml auffüllen. Die Früchte darin bei mittlerer Hitze aufkochen. Den Sternanis, den Zimt, die Nelke und 2 Eßlöffel Honig hinzufügen und die Quitten zugedeckt etwa 15 Minuten bei schwacher Hitze kochen lassen, dann pürieren.

• Die Orangen schälen, in Spalten teilen und mit dem restlichen Honig vermischen. Eine Grillpfanne erhitzen.

• Für die Creme die Sahne schlagen und mit dem Joghurt und der Minze vermischen. Das Quittenkompott und die Joghurtcreme auf die Teller verteilen. Die Orangensegmente etwa 10 Sekunden je Seite grillen und dazugeben.

Pro Portion etwa: 1200 kJ/290 kcal

Tip

Deutsche Quitten wegen ihrer pelzigen Schale schälen, türkische Sorten ungeschält verwenden.

Fruchtsalat

Erfrischend • Im Bild

• Die Früchte waschen und trocken abreiben. Die Mango und die Kiwis schälen, die Mango entkernen, beides in Würfel schneiden. Die Melone schälen und würfeln. Die Orangen schälen, in Spalten teilen und diese halbieren. Die Ananas schälen und vierteln, vom Strunk befreien und würfeln. Die Feigen schälen und sechsteln. Die Bananen schälen und in Scheiben schneiden. Die Früchte in eine Schüssel geben.

• Den Granatapfel quer halbieren und die Kerne auslösen. Die Johannisbeeren von den Stielen zupfen. Die Kokosmilch mit dem Ingwer und dem Honig mischen. Die Früchte aus der Schüssel auf die Teller verteilen und mit der Sauce begießen. Mit den Granatapfelkernen und den Johannisbeeren garnieren. Dazu paßt Schoko-Kokos-Biskuit.

Pro Portion etwa: 1380 kJ/330 kcal

Zutaten für je 4 Personen

Quittenkompott

2 Quitten
Saft von 4 Orangen
3 Sternanis
1/2 Zimtstange
1 Gewürznelke
3 1/2 Eßl. flüssiger Honig
3 Navelorangen
100 g Sahne
250 g Sahnejoghurt
1 Teel. Minzeblätter, frisch geschnitten

Zubereitungszeit:
etwa 30 Minuten

Fruchtsalat

1 Mango
2 Kiwis
1/2 Netzmelone
2 Navelorangen
1 kleine Ananas
2 frische Feigen
2 kleine Bananen
1 Granatapfel
100 g Johannisbeeren
100 ml Kokosmilch (Asien- oder Naturkostladen; ersatzweise Orangensaft)
1 Teel. Ingwer, frisch gerieben
2 Teel. Akazienhonig

Zubereitungszeit:
etwa 20 Minuten

Zutaten für 4 Crêpes von etwa 20 cm Ø

Für den Teig:
100 g Dinkel, fein gemahlen
10 g Dinkel, grob gemahlen
125 ml Milch
1 Ei
1 Teel. Akazienhonig
abgeriebene Schale von ¼ unbehandelten Zitrone
1 Prise Bourbon-Vanillepulver
1 Prise Salz
2 Eßl. kohlensäurehaltiges Mineralwasser
3 Teel. Sonnenblumenöl

Für die Füllung:
8 getrocknete Aprikosen
1 Apfel
1 Birne
150 g Sahnequark
3 Eßl. Apfeldicksaft oder
2 Eßl. Honig
½ Teel. Zimtpulver
½ Teel. abgeriebene Schale einer unbehandelten Zitrone
50 g Haselnüsse, gehackt

Zum Überbacken:
Fett für die Form
1 Eßl. Akazienhonig
2 Eßl. Orangensaft

Zubereitungszeit:
etwa 1 Stunde (davon etwa 15 Minuten Ruhe- und etwa 15 Minuten Backzeit)

Überbackene Crêpes mit Obstquark

Läßt sich gut vorbereiten

• Für den Crêpeteig den Dinkel mit der Milch verrühren und etwa 30 Minuten quellen lassen. Dann unter Rühren das Ei, den Honig, die Zitronenschale, das Vanillepulver, das Salz, das Mineralwasser und 2 Teelöffel Butterschmalz hinzufügen.

• Während der Crêpeteig quillt, für die Füllung die Aprikosen in kleine Stücke schneiden. Den Apfel und die Birne waschen, trocken abreiben und bei Bedarf schälen. Die Früchte vierteln, vom Kerngehäuse befreien und in kleine Würfel schneiden. Den Quark mit dem Apfeldicksaft oder dem Honig, dem Zimt, der Zitronenschale, den Früchten und den Haselnüssen verrühren. (Crêpes und Füllung können vorbereitet werden.)

• Eine schwere Pfanne mit Fett auspinseln und bei mittlerer Hitze heiß werden lassen. 3–4 Eßlöffel Teig in der Pfanne durch Schwenken dünn verteilen und die Crêpe backen. Wenn sie unten braun wird und Blasen wirft, mit dem Spatel wenden und von der zweiten Seite backen. Auf diese Weise alle Crêpes backen.

• Den Backofen auf 170° vorheizen. Eine Gratinform fetten. Die Crêpes mit 1 Eßlöffel Füllung belegen, wie einen Briefumschlag zusammenfalten und in die Form legen. Den Honig mit dem Orangensaft vermischen und obenauf geben. Die Crêpes im Backofen (Mitte, Umluft 150°) etwa 15 Minuten backen.

Pro Portion etwa: 1800 kJ/430 kcal

Varianten:
Überbackene Crêpes, flambiert
Vor dem Auftragen mit etwas Calvados begießen und flambieren.

Überbackene Crêpes mit Ziegenquark
Ziegenquark verwenden.

Überbackene Crêpes mit Beeren
Statt der Früchte 300 g gemischte Beeren, mariniert in Maracujasaft, verwenden.

Beilage
Für einen festlichen Anlaß, etwa ein Buffet, kann man die Crêpes mit einem Fruchtsalat von Zitrusfrüchten servieren.

Zutaten für je 4 Personen

Pfirsich-Beeren-Suppe
$^1/_2$ Vanilleschote
4 Eßl. Akazienhonig
1 Eßl. Minzeblätter
4 Pfirsiche
200 g rote Johannisbeeren
Minzeblättchen

Zubereitungszeit:
etwa 20 Minuten

Holundercreme
Für die Holundercreme:
60 g Dinkel oder Weizen, fein gemahlen
$^1/_4$ Teel. Kardamom
200 ml Natur-Holunder-Muttersaft (Reformhaus)
50 g Marzipanrohmasse
1 Prise Bourbon-Vanillepulver
abgeriebene Schale von $^1/_4$ unbehandelten Zitrone
3 Eßl. Akazienhonig
100 g Sahne

Für die Marzipansauce:
200 ml Milch
1 Eßl. Birnendicksaft
1 Prise Bourbon-Vanillepulver
30 g Marzipanrohmasse
2 Comis-Birnen oder Williamsbirnen
Saft von $^1/_2$ Zitrone
2 Eßl. gehackte Pistazienkerne

Zubereitungszeit:
etwa 30 Minuten

Pfirsich-Beeren-Suppe

Gelingt leicht • Im Bild

• Die Vanilleschote aufschlitzen, das Mark herauskratzen und mit der Schote, 8 Eßlöffeln Wasser und dem Honig in einem Topf aufkochen; abseits vom Herd die Minze in den Sirup einrühren; die Schote entfernen.

• Die Pfirsiche häuten (sind sie dazu nicht reif genug, vorher mit kochendem Wasser überbrühen), halbieren und entkernen. Die Hälfte der Pfirsiche in feine Streifen schneiden und beiseite legen. Die Beeren waschen, von den Stielen streifen und zur Hälfte mit dem Sirup und den Pfirsichen mit dem Pürierstab zu einer schaumigen Suppe schlagen.

• Die restlichen Johannisbeeren und die Pfirsichstreifen in die Suppe geben. Mit einigen Minzeblättchen bestreuen. Vanille- oder Mandeleis passen sehr gut dazu.

Pro Portion etwa: 480 kJ/110 kcal

Holundercreme mit Marzipan

Exklusiv • Für Gäste

• Für die Holundercreme das Mehl mit dem Kardamom, dem Holundersaft, dem Marzipan, der Vanille, der Zitronenschale, dem Akazienhonig und der Sahne in einem Topf verrühren, unter Rühren aufkochen und etwa 3 Minuten unter Rühren kochen lassen; dann vom Herd nehmen und abkühlen lassen.

• Für die Marzipansauce die Milch mit dem Birnendicksaft, der Vanille und dem Marzipan aufkochen und mit dem Pürierstab mixen, bis die Sauce eine cremige Konsistenz hat; dann kalt stellen.

• Die Birnen waschen, trocken abreiben, in Spalten schneiden, auf die Teller verteilen und mit dem Zitronensaft beträufeln. Die Creme mit einem Eßlöffel ausstechen und auf jeden Teller 2 Klößchen verteilen. Die Sauce daneben geben. Die Teller mit den Pistazien bestreuen.

Pro Portion etwa: 1600 kJ/380 kcal

...SO SCHMECKEN SIE NOCH HEUTE

Aus der Vorratskammer des Genießers

Ob Sie Ihr Essen mit Sorgfalt planen oder gerne spontan kochen, mit einigen dieser speziellen Vorräte können Sie schnellen Gerichten besonderen Pfiff geben.

Spezialitäten im Vorrat

Dieses Kapitel enthält Rezepte für Würzöle und -essige, spezielle Saucen und interessante Kleinigkeiten wie eingelegten Ingwer, gewürzte Nüsse und ausgewählte alkoholfreie Getränke. Außerdem finden Sie Rezepte zum Selbermachen von Nudeln und Brot. Sind diese Dinge auf Vorrat zubereitet, stehen sie als attraktive Beigaben zur raschen Verfügung.

Das individuelle Extra

Diese Spezialitäten sind gerade für die vegetarische Küche wichtig. Manches gibt es natürlich auch fertig zu kaufen, doch haben wir festgestellt, daß man mit selbstzubereiteten kleinen Extras und Basiszutaten individueller verfahren kann und für seinen eigenen Kochstil mehr Gewinn aus ihnen zieht. Und die Zubereitung ist weder kompliziert noch langweilig – ganz abgesehen davon, daß Sie so wirklich wissen, was drin ist.

Übers Haltbarmachen

Fast alle Spezialitäten dieses Kapitels sind für eine Weile haltbar. Pesto, Schafkäse, Ingwer und Tomaten-Confit füllen Sie dafür in gut schließende Gläser, am besten solche mit Twist-Off-Deckeln, oder Einmachgläser. Öle und Essig kommen in Flaschen, die sich gut verschließen lassen.

Die sauberen Gläser und Deckel vor dem Füllen ganz heiß ausspülen. Wenn Sie die Gläser mit Inhalt und Datum beschriften, läßt sich alles besser im Auge behalten. Angaben zu Haltbarkeit und Ort der Aufbewahrung finden Sie in der Zutatenliste oder am Ende des jeweiligen Rezepts. Übrigens: Des Genießers Spezialitäten sind auch schöne Geschenke!

Für den Vorratsschrank

Zusätzlich zu dem, was Sie an den üblichen Vorräten im Haus haben, empfehlen wir Ihnen folgende Zutaten, die der vegetarischen Küche noch ein »Extra« verleihen können.
Vieles erhalten Sie in großen Lebensmittelgeschäften oder in einer guten Qualität (aus anerkannt ökologischer Landwirtschaft) im Naturkostgeschäft.

• Meersalz

• Gewürze: Bourbon-Vanillepulver, Sternanis, Kreuzkümmel, Senfpulver, Muskatblüte, Kardamom, Currypulver, bunter Pfeffer

• Zum Süßen: Akazienhonig, Zuckerrohrgranulat, Apfel- und Birnendicksaft, Grenadinesirup

• Außerdem: grüner Tee, Holunder-Muttersaft (Reformhaus), Cidre-Essig, Aceto Balsamico (Balsam-Essig), gute kaltgepreßte Öle, Vollkornbrösel, Johannisbrotkernmehl (siehe Seite 63), Agar-Agar (siehe Seite 63)

• Weizen, Dinkel, Roggen (am besten frisch mahlen); Reis aus der Camargue (roter Naturreis, Langkorn und Rundkorn), Basmatireis

Küchen der Welt im Vorrat

Wenn Sie gerne Rezepte aus fernen Ländern nachkochen, ist es immer gut, einen gewissen Grundvorrat zu Hause zu haben.

• Für die asiatische Küche: Sojasauce, Reisessig, Kokosmilch, Sesamöl, Sojaöl, Reiswein, Szechuan-Pfeffer, getrocknete schwarze Bohnen, getrocknete Shiitakepilze (oder Tongku), Buchweizennudeln

• Aus dem italienischen Spezialgeschäft: getrocknete, in Öl eingelegte Tomaten, Olivenmus, kaltgepreßtes Olivenöl, Aceto Balsamico (Balsam-Essig), Nudeln, Parmesan vom Stück

Kräuter im Topf

• Mit frischen Kräutern wie Koriander, Basilikum oder Minze im Topf haben Sie auch Grünes aus aller Welt im Vorrat (siehe Seite 44/45).

Avocado – für schnelle Genießer

Für die schnelle Genießerküche eignet sich die Avocado ganz besonders. Wenn Ihnen eine halbe Avocado übrigbleibt und Sie sie nicht gleich verwerten können, lassen Sie den Kern in der Hälfte und decken Sie sie mit Folie ab. So wird sie nicht braun. In Avocadocreme verwandelt, ergibt sie eine schöne Beilage zu gegrilltem und blanchiertem Gemüse. Sie paßt aber auch als erfrischender Dip zu Rohkost.
Für die Zubereitung benötigen Sie nicht mehr als 5 Minuten.

Avocadocreme

Würfeln Sie das Fruchtfleisch von $^{1}/_{2}$ Avodaco und vermischen Sie es mit dem Pürierstab mit $1^{1}/_{2}$ Teelöffeln Limonen- oder Zitronensaft. Würzen Sie die cremig geschlagene Avocadocreme mit Salz und Pfeffer.
Für eine mexikanische Guacamole geben Sie noch gehackte Zwiebel, Chilischote, Tomate und Koriandergrün dazu.

Zutaten für 2 Gläser à $^1/_4$ l

2 Eßl. Pinienkerne
2 Knoblauchzehen
1 Bund Basilikum
250 g getrocknete, in Öl eingelegte Tomaten (ital. Spezialitätengeschäft)
$^1/_8$ l Olivenöl, kaltgepreßt
80 g Pecorino oder Parmesan, frisch gerieben
Meersalz
Pfeffer, frisch gemahlen

Zubereitungszeit: etwa 10 Minuten

Haltbarkeit: 2 Wochen im Kühlschrank, tiefgekühlt etwa 2 Monate

Tomatenpesto

Raffiniert • Läßt sich gut vorbereiten

• Die Pinienkerne in einer Pfanne ohne Fett braun rösten und abkühlen lassen. Die Knoblauchzehen schälen. Die Basilikumblätter von den Stielen zupfen. Alles mit den Tomaten in der Küchenmaschine pürieren (die Zutaten bei Verwendung eines Pürierstabes vorher zerkleinern). Das Öl als Strahl dazufließen lassen und verarbeiten, bis – je nach Geschmack – eine grobe oder feine cremige Paste entstanden ist. (Wenn Sie den Pesto einfrieren wollen, bis hierher vorbereiten. Nach dem Auftauen durchpürieren und die restlichen Zutaten dazugeben.)

• Den Käse unterrühren und mit Salz und Pfeffer abschmecken.

Menü

Als Belag auf Vorspeisen-Crostini, als Beilage zu gegrilltem oder »al dente« gegartem Gemüse, zum Würzen von mediterranen Gemüsegerichten oder von Tomatensaucen für Nudelgerichte oder Gnocchi.

Insgesamt etwa: 7300 kJ/1700 kcal

Varianten:

Pesto genovese

Den Pesto ohne Tomate, aber mit 3 Knoblauchzehen und 3 Bund Basilikum herstellen. Als Belag für Crostini und zum Würzen von Nudelgerichten (in $^1/_2$ Tasse Nudelwasser verrührt), von Kartoffelpüree und Suppentöpfen.

Kräuter-Pesto

Den Pesto mit 4 Eßlöffeln Pinienkernen, 3 Knoblauchzehen, dem Basilikum, $^1/_2$ Bund glatter Petersilie, 1 Eßlöffel Minzeblättern und nur 70 g Käse herstellen.
Wie Pesto genovese benutzen.

Koriandergrün-Pesto

Den Pesto statt mit Pinienkernen und Basilikum mit 4 Eßlöffeln Mandeln, 1 Bund Koriandergrün mit Stielen, 1 Bund glatter Petersilie und $^1/_2$ geriebenen, unbehandelten Zitronenschale sowie 3 Knoblauchzehen und nur 60 g Käse herstellen.
Für asiatische Nudelgerichte, für Gnocchi, Spätzle und zum Würzen von asiatischen Gerichten verwenden.

Eingelegter Schafkäse

Gelingt leicht • Im Bild

• Den Schafkäse Raumtemperatur annehmen lassen und in etwa $1^1/_2$ cm dicke Würfel schneiden. Die Peperone waschen, aufschlitzen, von den Samen befreien und kleinschneiden. Die Knoblauchzehe schälen und in Viertel schneiden. Den Schafkäse, die Peperone und den Knoblauch mit den Kräutern und dem Pfeffer in ein Deckelglas füllen und den Käse mit Öl bedecken. Etwa 3 Tage im Kühlschrank ziehen lassen.

Pro Glas etwa: 2350 kJ/550 kcal

Varianten:

Eingelegter Ziegenkäse

Festen Ziegenkäse oder einen nicht zu jungen Ziegenfrischkäse verwenden.

Eingelegter Mozzarella

Kleine Mozzarellakugeln –eventuell zusammen mit 500 g leicht zerquetschten Kirschtomaten – in die Marinade legen.

Menü

Im Salat oder zwischen gerösteten Crostini reichen.

Knoblauchöl

Gelingt leicht

• Die Knoblauchzehen schälen und in Scheiben schneiden. In einer Pfanne 1 Eßlöffel Öl erhitzen und den Knoblauch darin goldbraun rösten; dann abkühlen lassen. Mit dem Rosmarinzweig und dem restlichen Öl im Kühlschrank 3 Tage ziehen lassen, dann den Zweig herausnehmen. Das Öl in einer Flasche aufbewahren. Für Salate, für mediterrane und kalifornische Küche verwenden.

Insgesamt etwa: 9500 kJ/2300 kcal

Varianten:

Eingelegte Knoblauchzehen

Die Knoblauchzehen des Knoblauchöls als Garnitur verwenden.

Basilikumöl – Basilikumpaste

Die Blätter von 3 Bund Basilikum mit $^1/_4$ l Olivenöl pürieren und 2–3 Tage kühl stellen. Das Öl, das dann klar ist, in eine Flasche, die Paste in ein Glas füllen. Das Öl für Vinaigrettes, beides für Grill- und Pfannengerichte verwenden. Im Kühlschrank 1 Monat haltbar.

Rucolaöl – Rucolapaste

Statt Basilikum 250 g Rucola verarbeiten.

Zutaten

Eingelegter Schafkäse (2 Gläser à $^1/_4$ l)

250 g Schafkäse
1 grüne Peperone
1 Knoblauchzehe
1 Lorbeerblatt
je 1 Eßl. frische Rosmarinnadeln und Thymianblätter
je 1 Zweiglein Rosmarin und Thymian
2 Eßl. Basilikum, frisch geschnitten
1 Eßl. glatte Petersilie, frisch geschnitten
$^1/_2$ Teel. Pfefferkörner, grob gestoßen
$^1/_8$ l Olivenöl, kaltgepreßt

Zubereitungszeit: etwa 10 Minuten (+3 Tage zum Durchziehen)

Haltbarkeit: 1 Monat im Kühlschrank

Knoblauchöl ($^1/_4$ l)

6 Knoblauchzehen
$^1/_4$ l Olivenöl
1 Rosmarinzweig

Zubereitungszeit: etwa 8 Minuten (+3 Tage zum Durchziehen)

Haltbarkeit: 3 Wochen

Ingwer süßsauer

Pikant • Im Bild links oben

• Den Ingwer schälen und in hauchdünne Scheiben hobeln. Für den Sirup 4 Eßlöffel Wasser mit dem Essig und dem Honig in einem Topf aufkochen lassen. Den Ingwer darin je nach Dicke offen in 15–20 Minuten weich kochen. Abkühlen lassen und geschlossen im Kühlschrank aufbewahren.

• Als Snack, als Beilage oder als Würzzutat für süßsauer asiatische Gerichte verwenden.

Insgesamt etwa: 830 kJ/200 kcal

Gewürzte Cashewnüsse

Gelingt leicht

• Den Backofen auf 100° vorheizen. Die Nüsse in Wasser aufkochen, abtropfen lassen und noch feucht in einer Schüssel mit dem Curry, dem Koriander und dem Pfeffer vermischen. Auf einem Blech etwa 20 Minuten im Backofen (Mitte, Umluft: 80°) backen. Dann abkühlen lassen.

• Für Vorspeisenteller, etwa mit Datteln, oder als Salatzutat verwenden.

Insgesamt etwa: 6000 kJ/1400 kcal

Tomaten-Confit

Raffiniert • Im Bild rechts

• Die Tomaten waschen und vierteln. Die Zwiebel schälen und würfeln. Den Honig in einem Topf einkochen lassen, bis er etwas fester wird (karamelisiert).

• Die Zwiebeln darin etwa 1 Minute dünsten und mit dem Essig ablöschen. Die Tomaten, das Koriandergrün oder die Petersilie, Salz und Pfeffer hinzufügen und alles etwa 8 Minuten bei schwacher Hitze offen einkochen lassen.

• Für euro-asiatische Gerichte verwenden.

Insgesamt etwa: 510 kJ/120 kcal

Zutaten

Ingwer süßsauer
1 mittelgroße Ingwerknolle
4 Eßl. Reisessig
2 Eßl. Akazienhonig

Zubereitungszeit:
etwa 25 Minuten

Haltbarkeit:
2 Monate im Kühlschrank

Gewürzte Cashewkerne
250 g Cashewkerne
1 Prise Currypulver
1 Prise Korianderpulver
1 Prise Cayennepfeffer

Zubereitungszeit:
etwa 25 Minuten

Haltbarkeit:
4 Tage im Kühlschrank

Tomaten-Confit (1 Glas à 1/4 l)
250 g Kirschtomaten
1 rote Zwiebel
1 Eßl. Akazienhonig
3 Eßl. milder Weißweinessig
1 Eßl. Koriandergrün, kleingeschnitten oder glatte Petersilie
Meersalz
Pfeffer, frisch gemahlen

Zubereitungszeit:
etwa 15 Minuten

Haltbarkeit:
1 Woche im Kühlschrank

Zutaten

Salbei-Rotweinessig (¼ l)

3 Salbeiblätter
1 Peperone
10 Korianderkörner
2 Gewürznelken
1 Lorbeerblatt
¼ l Rotweinessig

Zubereitung:
etwa 5 Minuten
(+ mindestens 3 Tage zum Durchziehen

Haltbarkeit: 4 Monate

Selbstgemachte Nudeln (4 Personen)

300 g Weizen oder Dinkel, fein gemahlen
2 frische Eier
1 Teel. Meersalz
1 Prise Muskatnuß, frisch gerieben
½ g Safranpulver
2 Eßl. Sonnenblumenöl, kaltgepreßt

Zubereitungszeit:
etwa 1 Stunde 10 Minuten
(davon etwa 30 Minuten Ruhezeit)

Salbei-Rotweinessig

Pikant

• Die Salbeiblätter waschen und gut trockentupfen. Mit der Peperone, dem Koriander, den Nelken, dem Lorbeerblatt und dem Essig in einer Flasche je nach gewünschter Stärke zwischen 3 Tagen und 2 Wochen an einem dunklen Ort ziehen lassen und durchsieben. Für Salatsaucen und zum Abschmecken nehmen.

Insgesamt etwa: 270 kJ/65 kcal

Varianten:

Würziger Apfelessig

Statt Rotweinessig Cidre-Essig mit 2 Eßlöffeln Apfelbalsam (aus dem Naturkostgeschäft) und 2 geschälten kleinen Schalotten ansetzen. Für Vorspeisen mit Obst wie Würzige Melonen (Seite 13), für Blattsalate und Fruchtgemüse (Tomaten, Gurke, Zucchini) verwenden.

Provenzalischer Kräuteressig

Statt Rotweinessig ¼ l Weißweinessig mit 1 geschälten Knoblauchzehe, 1 Zweig Rosmarin, 1 Zweig Thymian, eventuell 1 Zweig Lavendel ansetzen. Für Vinaigrettes verwenden.

Selbstgemachte Nudeln

Gelingt leicht • Im Bild

• Alle Zutaten verkneten (mit der Küchenmaschine in etwa 2, mit der Hand in etwa 5 Minuten). Abgedeckt etwa 30 Minuten ruhen lassen. Dann mirabellengroße Teigkugeln formen und mit der Nudelmaschine daraus Bandnudeln herstellen.
Frische Nudeln garen in 2–3 Minuten, getrocknete in 5–6 Minuten.

Bei 4 Personen pro Portion etwa: 1300 kJ/310 kcal

Nudeln aufbewahren:

Schlingen Sie mehrere Bandnudeln zu Nestern und legen Sie sie auf Tücher zum Trocknen aus. Frische Nudelnester, tiefgefroren, etwa 3 Monate aufbewahren; bei der Zubereitung in kochendes Wasser geben. – Getrocknete Nudeln luftig und kühl 1 Monat aufbewahren.

Variante:

Grüne Nudeln

Verwenden Sie statt Safran Petersiliensaft aus 2 Bund kleingehackter Petersilie, mit Hilfe eines Tuchs ausgepreßt.

Zutaten für 6 Mini-Baguettes

200 g Roggen, fein gemahlen
400 g Weizen, fein gemahlen
2 Teel. Meersalz
2 Teel. Kümmel
1 Teel. Korianderkörner
1 Würfel Hefe (42 g)
350 ml lauwarme Milch
4 Eßl. Sonnenblumenkerne
1 Eßl. frische Rosmarinnadeln

Für das Blech:
Fett

Zubereitungszeit:
etwa 1 Stunde 35 Minuten (davon etwa 50 Minuten Ruhe- und etwa 25 Minuten Backzeit)

Mini-Baguettes

Gelingt leicht • Läßt sich gut vorbereiten

• Das Mehl mit dem Salz, dem Kümmel und dem Koriander mischen. Die Hefe in 70 ml lauwarmem Wasser auflösen, die Milch hinzufügen und mit dem Mehl in der Küchenmaschine rasch zu einem Ball verkneten (mit der Hand dauert das etwa 10 Minuten).

• Den Backofen auf 50° einstellen und den Teig unten hineinstellen. Nach etwa 10 Minuten den Backofen abschalten und den Teig weitere 20 Minuten gehen lassen.

• Den Teig durchkneten und 6 Stangen daraus formen. Die Stangen auf ein gefettetes Backblech legen, oben zweimal schräg einschneiden und die Sonnenblumenkerne sowie den Rosmarin oben hineindrücken.

• Den Backofen auf 200° vorheizen. Die Mini-Baguettes zugedeckt etwa 20 Minuten bei Raumtemperatur gehen lassen und im Backofen (Mitte, Umluft: 180°) etwa 25 Minuten backen.

Tip

Für schnelle warme Frühstücks-Baguettes am Vortag die Baguettes etwa 10 Minuten vorbacken und zum Fertigbacken etwa 10 Minuten bei 200° in den vorgeheizten Backofen (Umluft: 180°) geben.

Pro Baguette etwa: 1700 kJ/400 kcal

Varianten:

Würzige Knoblauch-Baguettes (im Bild)

Den Backofen auf 200° vorheizen. 2 Baguettes halbieren. 1 Knoblauchzehe schälen, pressen und mit 4 Teelöffeln Pesto (Seite 83) darauf streichen. Etwa 5 Minuten backen.

Käse-Baguettes

Die Baguettes mit 200 g zerbröckeltem Schafkäse belegen.

Walnuß-Baguettes

60 g grob gehackte Walnußkerne vor dem zweiten Gehen einarbeiten; keinen Belag verwenden.

Kräuter-Baguettes

Je 1 Teelöffel Schnittlauch, Thymian und Rosmarin sowie ½ Teelöffel Oregano vor dem zweiten Gehen zum Teig geben. Als Belag Kürbiskerne.

Drinks ohne Alkohol

Für Gäste • Gelingen leicht

Erdbeerschorle
Ein Longdrinkglas je zur Hälfte mit Erdbeerpüree und Mineralwasser füllen und mit 1 Spritzer Zitronensaft verrühren.

Granatapfel-Drink
Für ein Longdrinkglas den Saft von 1 Saftorange, 1 Granatapfel (den Granatapfel wie eine Orange auspressen) und 1/4 Limone verrühren und mit gekühltem Mineralwasser auffüllen.

Orangen-Cocktail
1 Möhre waschen, schälen, fein reiben und mit dem Saft von 2 Orangen und von 1 Zitrone mit dem Pürierstab durchmixen. Den Saft in ein Longdrinkglas sieben und mit gekühltem Mineralwasser aufgießen. Mit 1 Minzeblättchen garnieren.

Im Bild oben links Kressedrink, oben rechts Erdbeerschorle, Mitte Orangen-Cocktail, unten links Tomaten-Möhren-Cocktail mit Estragon, unten rechts Granatapfel-Drink

Obstsaftschorle
1–3 Teile frisch gepreßten Obstsaft mit Mineralwasser aufgießen. 1 Spritzer Zitronensaft dazu pept die Schorle auf. Notfalls können Sie auch gekauften Saft verwenden, achten Sie dann darauf, 100%igen Saft ohne Zuckerzusatz zu erwerben.

Tomaten-Möhren-Cocktail
3 reife Tomaten waschen und ohne die Stielansätze würfeln. 1 Möhre waschen, schälen und würfeln. Beides mit dem Pürierstab pürieren und mit Salz, Pfeffer und nach Belieben 1/4 Teelöffel Estragonblättchen würzen.

Kressedrink
Für ein Longdrinkglas 2 Teile Apfelsaft mit 1 Teil Mineralwasser, 1/4 Teelöffel Honig oder Reisessig und 1 Eßlöffel Kresseblättchen mit dem Pürierstab kräftig durchmixen.

Tip
Im Handel gibt es auch reine Fruchtsäfte in interessanten Mischungen. Probieren Sie mal!

Null Komma Null Promille

Alkoholfreie Getränke passen für jede Gelegenheit und kommen im Sommer nicht ohne Eiswürfel aus.

Eiswürfel
sind nicht einfach gefrorenes Wasser. Auch hier sollten Sie ein paar Dinge beachten.

- *Wichtig ist, daß Sie gutes Wasser verwenden – eventuell lieber stilles Mineralwasser als Leitungswasser. Am besten bereiten Sie die Eiswürfel frisch zu, so können sie keinen störenden Geschmack annehmen.*
- *Originelle Eiswürfel gibt es, wenn Sie passende Obststücke, Minzeblätter, gegebenenfalls auch andere Kräuter mit einfrieren.*
- *Schöne Effekte erzielen Sie durch Wasser, das Sie mit entsprechenden Säften oder Sirupen färben und dann gefrieren lassen.*

Eisdrinks
sind natürlich im Sommer eine Wucht. Und ganz leicht hergestellt. Fruchtsaft und 1 Kugel passendes Eis durchmixen. Nach Belieben verfeinern.

REGISTER

IMPRESSUM

Redaktion: Christine Wehling
Lektorat: Adelheid Schmidt-Thomé
Layout, Typographie und Umschlaggestaltung: H.-J. Beckers
Fotos: H.-J. Beckers, F. Schotten
Foodstyling: Astrid Schotten
Grafiken: H.-J. Beckers
Herstellung: Ina Hochbach
Satz: Filmsatz Schröter, München
Reproduktion: Penta Repro, München
Druck und Bindung: Appl, Wemding

ISBN 3-7742-2776-4

Auflage 5. 4. 3.
Jahr 1999 98

Dankeschön an:
Gunther Lambert GmbH, Mönchengladbach
Casa bea GmbH & Co, Mönchengladbach
Für vielfältige Hilfe danken wir Ulrike Döpp.

Elisabeth Döpp arbeitete lange Zeit als Lektorin für große Verlage. Seit 1985 ist sie Kochbuchautorin und UGB-Gesundheits-Trainerin im Bereich Ernährung. Zusätzlich gibt sie Kurse zum Thema Ernährung und Kochen.

Christian Willrich stammt aus dem Elsaß und ist seit 1980 Küchenchef in Gourmet-Restaurants. Seit 1985 leitet er die vegetarische Vollwertküche im Worpsweder Seminarzentrum »Kreatives Haus«. Seit 1990 präsentiert er in Düsseldorf seine feine Naturküche mit großem Erfolg.

Jörn Rebbe wurde in einem japanischen Hotel zum Koch ausgebildet. Seit 1991 arbeitet er als Koch bei Christian Willrich. Er gibt Kochkurse zur japanischen und chinesischen Küche.

Heinz-Josef Beckers studierte an der Universität Essen GH (Folkwang) Kommunikations-Design. Food-, Stillife- und experimentelle Fotografie zählen ebenso zu seinem Tätigkeitsfeld wie die konzeptionelle und grafische Arbeit für Firmen, Verlage und Agenturen.

Franz Schotten jun. studierte Kommunikations-Design an der Universität Essen GH (Folkwang). 1990 eröffnete er in der Nähe von Düsseldorf ein Studio für konzeptionelle Fotografie. Zu seinem Kundenkreis gehören Agenturen, Verlage und Firmen. Schwerpunkte seiner fotografischen Arbeit bilden die Bereiche Food-, Stillife- und Reportagefotografie. Für das Styling ist Astrid Schotten zuständig.

Brunch und Buffet – der lässige Genuß

Haben Sie vor, mit einer größeren Zahl von Gästen zu feiern? Dann ist ein Buffet die ideale, unkomplizierte Form der Bewirtung: Die Gerichte stehen fertig auf dem Tisch, und jeder bedient sich selbst.

Vorbereitung und Planung
Damit ein Buffet unkompliziert wird, erfordert es eine gute Vorbereitung. Zuerst erstellen Sie am besten einen Zeitplan, also Auswahl der Speisen und Getränke, Einkaufsliste, Arbeitsplan. Wichtig ist es, Gerichte fürs Buffet auszuwählen, die sich zumindest bis auf wenige, nicht zu zeitaufwendige Arbeitsschritte gut vorbereiten lassen.

Auswahl der Buffet-Gerichte
In der hinteren Klappe finden Sie eine Auswahl von Rezepten aus diesem Buch, die für Buffets oder ein Brunch je nach Jahreszeit gut geeignet sind. Sie sind für 6–8 Personen gedacht. Haben Sie 12 und mehr Gäste eingeladen, können Sie die Rezepte einfach verdoppeln.
Und wenn Sie etwa 10 Personen einladen, aber für weitere Gerichte keine Zeit erübrigen können, servieren Sie zusätzlich eine Käseplatte von 600–1000 g. Wählen Sie die Platten nicht zu groß und füllen Sie zwischendurch neu auf. Ihre Platten werden dadurch attraktiver, weil alles immer schön frisch ist.

Warmhalten leicht gemacht
Ein vegetarisches Buffet wirkt um so besser, je vielfältiger es gestaltet ist. Wollen Sie auch warme Gerichte anbieten, dann sorgen Sie dafür, daß diese nicht kalt werden – es sei denn, Sie haben ein Gericht gewählt, das sowohl warm als auch kalt schmeckt. Ansonsten wärmen Sie einfach die Schüsseln vor. Wenn Sie sogar Warmhalteplatten besitzen, um so besser! Oder stellen Sie kleinere Schüsseln auf, die Sie immer wieder mit Heißem aus der Küche füllen.

Gestaltung des Buffets
Mit Aufbau und Dekoration des Buffets sollten Sie 1–2 Stunden vor dem Eintreffen der ersten Gäste fertig sein. Bauen Sie das Buffet nach der Speisenfolge auf: Links stehen die Teller, dann geht es los mit den Vorspeisen, es folgen Hauptgerichte, Süßes und daneben die Käseplatte. Brot und Butter stehen zentral. Besteck sollten Sie eher am Ende auslegen. Beilagen, Saucen und Dips stehen beim jeweiligen Gericht.

Stellen Sie das Dressing für Blattsalate immer separat auf das Buffet: Mit Salatsauce vermischte Salatblätter würden zu schnell unansehnlich.

Die Getränke können separat angeboten werden. Bunte Häppchen, Aperitifgerichte, Brot und Butter können Sie eventuell auf den Tischen anrichten.